期货投资者服务手册

期货投资者维权百问

■中国期货业协会 编著

中国财政经济出版社

图书在版编目（CIP）数据

期货投资者维权百问/中国期货业协会编著. —北京：中国财政经济出版社，2006.3

（期货投资者服务手册）

ISBN 7-5005-8933-6

Ⅰ. 期…　Ⅱ. 中…　Ⅲ. 期货交易-法规-中国-问答　Ⅳ. D922.287-44

中国版本图书馆 CIP 数据核字（2006）第 009965 号

中国财政经济出版社出版

URL：http：//www.cfeph.cn

E-mail：cfeph@cfeph.cn

社址：北京市海淀区阜成路甲 28 号　邮政编码：100036

发行处电话：88190406　财经书店电话：64033436

北京财经印刷厂印刷　各地新华书店经销

787×1092 毫米　24 开　5.5 印张　101 000 字

2006 年 3 月第 1 版　2006 年12月北京第 2 次印刷

定价：10.00 元

ISBN 7-5005-8933-6/F·7773

（图书出现印装问题，本社负责调换）

本书编写组

组　长： 杨迈军

副组长： 李晓燕　江向阳

成　员： 吴运浩　张育斌　程海霞

序

范福春

作为期货工具的使用者和期货行业的服务对象，投资者的积极参与是期货市场赖以生存和发展的基础，是期货市场充满活力的动力之源，因而保护投资者的合法权益，特别是保护中小投资者的合法权益历来为各国监管部门所重视。从国外成熟期货市场的经验看，对投资者的保护是一项长期、系统的工程。保护投资者的合法权益贯穿于投资者参与期货市场的全过程，包括事前教育、事中保障和事后依法补偿三个环节。在投资者进入期货市场进行交易前，要建立完善的教育培训机制，使投资者真正了解和理解自己即将进行的投资行为；在投资者进行交易的过程中，要加强立法，严格监管，打击违规行为，保证投资者受到“公开、公平、公正”的待遇；在投资者受到非法侵害时，建立事后对投资者损失的赔偿机制。作为投资者保护工作的第一环节，投资者教育工作的重要性是不言而喻的。

首先，投资者教育工作是帮助投资者认识和了解期货交易机制，理性参与期货交易的重要保障。近年来，随着我国国力的逐步增强，个人财富的逐步积累，以及企业对期货套期保值认识的提高，对期货交易感兴趣的投资者越来越多，期货市场呈现出蓄势待发的势头。然而，期货交易作为一项高风险的投资活动，具有较强的专业性和复杂性，并非对所有的投资者都适合。在实践中，一些企业和个人在对期

货市场认识不够、准备不足的情况下，仅凭着对期货交易一知半解的认识，抱着急于获利的态度，盲目投身于期货交易，结果造成了较大的损失。因此，对投资者进行期货知识的普及教育，提高投资者的认知水平，促使他们树立正确的投资理念、风险意识和合规避险的方式，是维护投资者信心，保障期货业稳定发展的一项艰巨任务。

其次，投资者教育工作是提高投资者自我保护能力，维护自身合法权益的重要手段。期货投资者要维护自己的合法权益，首先必须成为一个期货市场的明白人。只有当投资者知道期货市场是如何运作的，知道期货市场运行的规律及现有的市场法规体系之后，才能知道哪些是自己的合法权益，并且在受到不法侵害后，知道如何来维护自己的合法权益。

第三，投资者教育工作是吸引广大投资者积极参与期货交易，促进期货行业稳步发展的重要渠道。期货行业开展投资者教育的过程，实际上也是向公众宣传期货投资理念和知识，增强投资者参与市场的信心，吸引更多的人参与期货市场的过程。只有更多理性的、成熟的投资者活跃在期货市场上，才能促进期货市场最终走向规范和成熟。

第四，投资者教育工作是促进我国期货市场创新发展的重要途径。随着我国期货市场的进一步发展，期货市场的各种创新必将层出不穷。但是，任何一种创新只有被广大投资者接受，并吸引投资者积极参与才能取得成功。因此，只有持续不断地向投资者普及各种期货新知识，才能保证投资者能够了解和熟练运用新的投资工具，才能保障期货创新的成功和市场的稳定。

中国证监会十分重视投资者教育工作，近年来一直在坚持不懈地推动投资者教育工作。期货投资者的教育工作取得成效的关键在于各级监管部门、行业协会、交易所、期货公司以及媒体要统一认识，形成合力，切实把投资者教育工作转到适应

和推动市场健康发展的轨道上来。近年来，期货行业在投资者教育方面做了大量卓有成效的工作，如中国期货业协会开展的法律法规咨询、纠纷调解和投诉处理工作，交易所举办的“千村万户工程”、“期货大讲堂”、“期权系列培训”，期货公司开展的各种形式多样的期货投资报告会等活动，不仅得到了广大投资者的欢迎，也收到了良好的社会效果。

中国期货业协会作为行业自律组织，在开展全行业的期货投资者教育工作方面负有重要责任，也发挥着不可或缺的重要作用。早在2001年，全国证券监管系统投资者教育工作会议就明确提出，“证券期货业协会要发挥自律性组织功能，在投资者教育工作中，充分充当监管机构与证券期货营业机构、投资者三方面之间的桥梁，切实起到协调推动证券期货机构开展投资教育的作用”。今天，由中国期货业协会精心组织编写的《期货投资者服务手册》的出版，就是其落实期货行业投资者教育工作的一项重要措施。

对期货投资者教育的主要内容应当包括：一、普及期货市场基础知识；二、宣传期货市场法律法规；三、进行风险教育，特别是围绕新的投资品种的出现进行风险提示；四、帮助投资者认识自身的权利和义务，树立正确的投资理念；五、为投资者维权提供法律法规咨询和投诉受理等服务。中国期货业协会按照上述要求编写的丛书由《期货市场入门》、《怎样进行期货交易》、《国内期货交易品种——铜、铝、天然橡胶、燃料油》、《国内期货交易品种——大豆、豆粕、玉米、豆油》、《国内期货交易品种——小麦、棉花、白糖》、《套期保值与套利交易》和《期货投资者维权百问》七个分册组成。与以往的普及教材相比，该丛书的内容具有较高的系统性，并且图文并茂，通俗易懂，非常适合刚刚开始进行交易的期货投资者或对期货投资感兴趣的读者阅读。

在此，我对为编撰这套丛书付出辛劳的专家和工作人员表示衷心的感谢，同时

希望中国期货业协会能够与时俱进，根据期货市场的发展变化及时对丛书进行补充和修订，以满足投资者日益变化的需求。我衷心地希望这套《期货投资者服务手册》的出版在推动期货投资者教育深入发展，提高期货投资者的交易技能和素质，以及建设和谐、繁荣的期货市场方面发挥积极的作用。

总 括 篇

民 商 法 篇

刑 法 篇

行政法规及规章篇

纠纷解决篇

总括篇

1 我国期货市场法律法规体系的现状如何？

规范和调整期货市场各主体间权利义务关系的法律规范体系构成了我国期货市场的法律框架。从法律规范的效力层次来看，目前，由国家最高立法机关——全国人大及其常委会制定的，专门、系统地规范和调整期货市场各主体间权利义务的期货法典还没有。《民法通则》、《公司法》、《合同法》、《刑法》等法律的相关内容从不同的角度对期货市场具有规范和调整作用。例如，《民法通则》中关于法人、代理的规定；《公司法》中关于公司组织和行为的规定；《合同法》总则中的规定，分则中关于行纪合同、居间合同的规定等。

我国期货法律规范体系的主体是由国务院制定的行政法规和期货市场的主管机关——中国证监会制定的部门规章。在我国经济体制改革的过程中，对于一些属于试点和探索性质的领域，往往先由国务院制定行政法规予以规范，待取得一定的经验并相对完善后，再由全国人大及其常委会制定法律，这已经成为改革开放以来我国法制建设中一条普遍和成功的经验。我国期货市场的法制建设也是如此。1999年国务院发布的《期货交易管理暂行条例》（以下简称《条例》）作为系统规范期货市场的行政法规，在根据期货市场发展的情况加以修订和完善后，将成为未来制定

《期货法》的基础。《条例》强化了对期货市场实行集中统一的管理模式，明确了中国证监会对期货市场实行集中统一监管的地位。

中国证监会作为期货市场的监管机关，为贯彻执行《期货交易管理暂行条例》，制定了与之相配套的《期货交易所管理办法》、《期货经纪公司管理办法》、《期货业从业人员资格管理办法》、《期货经纪公司高级管理人员任职资格管理办法》等规章（2002 年，这四个管理办法又被全部修订一次），会同原国家经贸委和外经贸部、国家工商总局、国家外汇管理局制定了《国有企业境外套期保值业务管理办法》，从而基本上形成了覆盖期货市场各个主体、各个环节的规章体系，使期货市场法规体系基本健全。

此外，最高人民法院制定的司法解释对期货市场有间接的规范作用。2003 年 6 月发布的《关于审理期货纠纷案件若干问题的规定》（法释［2003］10 号，简称期货司法解释），作为目前规定最为系统的期货司法解释，对期货市场起着重要的规范作用。再有，从自律规范的角度来看，中国期货业协会和期货交易所依法制定的交易规则、自律规则也是期货市场法律规范体系的有机组成部分。

2 期货法规、规章和政策之间是什么关系？

法律规范按照制定机关和立法权限的不同，具有不同的效力层次。除宪法具有最高法律效力之外，由全国人大及其常委会制定的法律具有相当高的法律效力。由国务院制定的行政法规不得与法律相抵触，不得违反法律所确定的原则。由国务院各部门制定的规章不得与法律和行政法规相抵触，不得违反法律、行政法规所确定的原则。法律、法规和规章都具有完整性、系统化、稳定性的特点。而政策则是国家行政机关为了贯彻和执行法律、法规和规章，针对特定的时期和特定的事项所作

出的具有约束力或指导性的决定，是法律、法规和规章的具体化。对于法律、法规和规章没有规定的事项，政策是重要的补充。政策不得与法律、法规和规章相抵触，不得违反法律、行政法规和规章所确定的原则，不得超越制定机关的法定职权。

目前，我国还没有由全国人大及其常委会制定期货法或期货交易法，期货市场基本法规是由国务院制定的《期货交易管理暂行条例》和中国证监会制定的一系列期货规章构成了期货法律规范体系的主体。同时，中国证监会还依据《条例》和规章制定和发布了一系列的政策，成为期货市场法律规范体系的重要组成部分。

3 如何理解期货市场依法治市?

期货市场依法治市，是依法治国方略在期货市场的具体体现。依法治国，就是广大人民群众依照宪法和法律规定，通过各种途径和形式管理国家事务，管理经济文化事业，管理社会事务，保证国家各项工作都依法进行，逐步实现社会主义民主的制度化、法律化。

依法治市与依法治国一样，贯穿于期货市场立法、执法、守法的各个环节。就立法而言，期货市场应当有比较健全和完整的法律规范体系，使期货市场的各个领域、各个环节都有法可依。同时，法律规范必须符合客观规律和市场的实际，法律规范制定的过程应当公开，使市场参与者都能够参与立法，表达自己的意见。就执法而言，主要是要求监管机关依法行政、严格执法，不断提高监管工作的水平和效率。守法，就是市场参与者都应树立法律至上的信条，将法律规范作为衡量市场行为正当性的标准，作为市场活动的基本准则。依法治市是期货市场稳定、健康、协调发展的基本保障。

4 自律性组织的自律规则有哪些？其效力如何？

期货行业的自律性组织包括期货交易所和期货业协会。期货交易所的自律规则包括章程、交易规则及细则。期货交易所是依法设立，专门进行标准化期货合约买卖的场所，它为期货交易提供设施和服务，按照其章程的规定实行自律管理。交易所制定的交易品种的交易规则及细则，是开展期货交易的重要规范。所有的交易所会员和参与期货交易的投资者都必须遵守。否则，将按照这些自律规则承担相应的责任。

期货业协会的自律性规则包括章程以及会员管理、从业人员资格管理、从业人员执业行为规范等规则。期货业协会是依法成立的期货行业自律性组织，其会员由期货行业的从业机构和从业人员组成，是保障期货投资者利益、协调行业机构利益的重要工具，是联系期货经营机构和政府的重要桥梁和纽带，是政府对期货市场进行宏观管理的得力助手。期货业协会的章程及其他自律规则，对协会全体会员均具有约束力。如有违反，将会受到协会的纪律处分。

自律性组织的自律规则是期货市场规范体系的有机组成部分，是国家法律、法规、规章的重要补充。

5 期货市场有哪些主要的交易制度？

期货市场是高度组织化的市场，为保证市场平稳运行，实施有效的风险控制，期货交易实行一系列特有的交易制度。主要有：

集中交易制度，是指期货交易指令按照价格优先、时间优先原则在场内集中撮合成交的交易制度。

卖空交易制度，指允许投资者在不具有现货部位的条件下在期货市场卖出期货合约，建立空头部位的交易制度。

对冲平仓机制，指投资者通过买进（或卖出）与原先卖出（或买进）相同数量但方向相反的期货合约，以解除合约义务的交易机制。

保证金制度，是指期货交易者必须按照所买卖期货合约价值的一定比例缴纳资金，用于结算和保证履约。保证金分为结算准备金和交易保证金。

每日结算制度，是指每日交易结束后，交易所按照当天结算价结算所有合约的盈亏、交易保证金、手续费和税金，对应收和应付的款项进行划转，相应增加和减少会员的结算准备金。期货交易结算实行分级结算，交易所对会员进行结算，经纪公司对其代理的投资者进行结算。

涨跌停板制度，是指期货合约在一个交易日中的交易价格波动不得高于或低于规定的幅度，超过幅度的报价视为无效，不能成交。

持仓限额制度，是指交易所规定，会员或投资者可以持有某一合约投机头寸的最大数额。该制度的目的在于防范操纵市场的行为和防止风险过度集中。

大户报告制度，是指交易所会员和投资者某交易品种持仓合约的头寸达到规定的限额时，会员和投资者应向交易所报告其资金和头寸情况的制度。该制度同样是为了防范操纵市场的行为和防止风险过度集中。

交割制度，是指期货合约到期时，交易双方要将合约所载商品所有权或权利进行转移，以了结未平仓合约。

强行平仓制度，是指当会员或投资者的保证金不足或出现有关交易细则规定的违规情形时，交易所或经纪公司对有关持仓强制实行平仓。

风险准备金制度，是指交易所从已收取的会员交易手续费中提取一定比例的资金，作为确保交易所担保履约的备付金。

6 行业惯例和国际惯例对于我国期货市场有何意义？

行业惯例也称为交易习惯，是指在特定行业中，除法律、法规以及当事人的合同以外，被普遍、反复使用，交易参与者公认其具有约束力，且没有被合同明确排除的交易规范。在法律、法规、规章、自律规则没有作限制性规定，当事人的合同没有约定予以排除的情况下，行业惯例对交易当事人具有约束力，可以作为确定当事人权利义务的依据，是法律规范的补充。

国际惯例则是在国际范围内被广泛接受和使用的交易习惯。这些交易习惯在初期往往是自发形成的，通过长期的市场实践，不断得到完善并形成体系，其中许多已经被法律、法规或自律性规则所吸收，成为法律规范体系的一部分。在西方成熟市场经济国家，期货市场较为完善和发达，我国在建设社会主义市场经济体系的过程中应注意引进其合理的内容。因此，在发展我国期货市场的过程中，要特别注意学习、借鉴和引进已经被成熟市场实践证明的科学有效的交易制度，使我国期货市场交易制渡与国际惯例保持一致。但是，在借鉴、吸收、引进的过程中，一定要与我国的国情和市场实际相结合，反对盲目地全盘模仿。

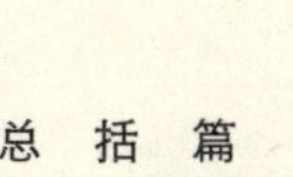

□知法、懂法、守法、用法　签合同应有备而去，不能临时抱佛脚！

民商法篇

7 民法的基本原则在期货市场中是如何体现的？

民法即民事法律规范，是调整民事法律关系的法律规范的总和，包括民法典，有关的民事法律、法规、条例、办法以及政府的有关文件等。1986 年 4 月 12 日第六届全国人民代表大会第四次会议通过了《中华人民共和国民法通则》（以下简称《民法通则》），它在我国制定民法典的条件尚不成熟的情况下，对民事活动应当遵循的基本行为规则和民事法律关系的各个方面进行了原则性的规定，确立了基本的民事法律制度，在国家的经济生活中占据着举足轻重的地位。《民法通则》第 2 条规定，民法调整的是“平等主体的公民之间、法人之间、公民与法人之间的财产关系和人身关系”。平等主体是指作为社会普通成员的个人和团体，以平等的地位参与民事法律关系，平等地享有权利、承担义务。财产关系是指具有经济内容的社会关系，是人们在社会生活和生产中，基于对财产的占有、支配和交换、分配而形成的社会关系。简单地说，就是经济关系。人身关系是人们基于人格或身份而结成的、不具有直接经济内容的社会关系。人身关系的内容体现为每个人对于自己的人格和身份的善良支配以及相对人对于这一支配的尊重。因此，可以将民法概括为调整平等主体之间的财产关系和人身关系的法律规范的总称。

《民法通则》确立了平等原则，自愿原则，等价有偿原则，诚实信用原则，保护公民、法人的合法权益原则、遵守法律和国家政策等六项基本原则，作为指导一切民事主体进行民事活动的基本准则。上述基本原则也充分体现在我国的期货市场中。

（1）平等原则，即不同的民事主体参与民事法律关系，适用同一法律，具有平等的地位，凡是违反法律规定的，都要承担相应的法律责任，没有例外可言。例如，投资者在与期货经纪公司订立经纪合同时，双方的法律地位完全平等，期货经纪机构并不享有比投资者更优越的地位或者任何特殊的权利。

（2）自愿原则，即平等的当事人之间在设立、变更、终止民事法律关系时，其意志是自由、自愿的，享有充分的自主权，有权决定他所参加的民事法律关系的内容。在期货市场中，期货投资者有权自由决定是否参与期货投资，签订经纪合同，与哪个期货经纪机构订立合同，并就期货经纪合同的有关内容与期货经纪公司充分协商。

（3）等价有偿原则，即民事活动所涉及的商品交换应该符合价值规律的要求，应该是等价的、有偿的，不能无偿占有别人的财产，取得不正当的利益。等价不是绝对意义上的对等，而是指权利和义务是对应的，享受权利，就要承担义务。在期货经纪合同中，期货经纪公司最主要的义务是接受投资者的委托为其进行期货合约的买卖、结算、交割及相关服务，其主要权利是向投资者收取代理进行期货交易的手续费；而投资者的权利是委托期货经纪公司按照其指令为其进行期货交易，其义务是承担交易后果并按照约定的比例向期货经纪公司支付手续费。

（4）诚实信用原则，要求人们在商品交换时，讲究信誉，恪守约定，互相协调。例如在合同关系中，双方要互相支持，在可能情况下要为对方提供方便；在权利与义务规定不明确的情况下，双方应协商解决。这些要求在期货市场中都能够一一体现。《期货经纪公司管理办法》（修订）第 13 条明确规定：“期货经纪公司应当

遵循诚实信用原则，以适当的技能、小心谨慎和勤勉尽责的态度执行投资者的委托，维护投资者的合法权益”。

（5）保护公民、法人的合法权益原则。民法的宗旨在于尽可能地赋予民事主体以权利，因此，保护公民、法人的合法民事权益是我国民法的中心任务。在期货交易中，参与期货交易、对期货投资收益的所有权、对期货交易保证金的所有权、对期货经纪机构违反合同的行为提起诉讼等，都是投资者依法享有的权利，法律应当予以保护。

（6）遵守法律和国家政策原则。公民、法人从事民事活动，必须遵守法律。行为合法是法律对民事活动的根本要求。同时，经济生活的范围极其广泛，当民事活动没有相应的法律可以遵循时，应当遵守国家政策，主管机关也可以适用国家有关政策，调整民事关系。在期货市场中，无论是期货交易所、期货经纪公司，还是投资者，都应当以遵守国家的有关法律和政策的规定作为参与期货市场的前提。

8 什么是法人？法人有哪些类型？

法人是具有民事权利能力和民事行为能力，能以自己的名义享有民事权利和承担民事义务的团体。法人是与自然人对称的，由法律拟制的“人”。首先，法人是团体。它是由自然人及其财产的集合而组成的团体或者说是社会组织，这个社会组织被法律确认为民事主体。其次，法人拥有独立的财产。法人的财产来源于法人成员的出资、政府划拨或捐献等途径，这些财产一旦进入法人之后，就独立于法人成员、创立人和自然人的财产，属法人所有。第三，法人能独立承担民事责任。法人既然拥有独立财产，便能够以此财产负担自己行为的法律后果。任何以法人名义所为的行为，其后果由法人承担，即使行为的做出者是作为法人成员的自然人。第

四，法人能以自己的名义参加民事法律关系。法人既为民事主体，它就能够以自身的名义从事民事活动，而无须以其成员或者代表人的名义来进行。

《民法通则》依照法人担负的不同的社会职能，将法人划分为企业法人、机关法人、事业单位法人、社会团体法人四类。其中，主要是企业法人。企业是从事生产、运输、贸易等经营活动，以获取利润为目的的经济组织，企业法人就是取得法人地位的企业，但是并不是所有的企业都能成为法人，例如合伙企业等。由于企业法人以盈利为目的，主要从事商业性活动，考虑到国家对经济活动的宏观管理和对交易安全的保护，法律对企业法人的规定也较对其他法人的规定完善一些。在企业法人之下，又可划分为全民所有制企业法人、集体所有制企业法人、私营企业法人；按出资人的身份，可以划分为中外合资企业法人、中外合作企业法人和外资企业法人；对于公司形式的企业，依《公司法》可以划分为有限责任公司和股份有限公司。现阶段，我国期货经纪公司大多属于有限责任公司。

除了企业法人以外，还有机关法人、事业单位法人、社会团体法人等类型。中国证监会属于事业单位法人，中国期货业协会属于社团法人。

9 什么是公司？期货经纪公司属于哪一类？

依据《中华人民共和国公司法》（以下简称公司法）的规定，公司是指依照本法在中国境内设立的以营利为目的的商事组织，包括有限责任公司和股份有限公司。从公司法的规定来看，我国目前仅规定了两种主要公司类型，即股份有限公司和有限责任公司。

有限责任公司是指股东仅以其出资额为限对公司承担责任，公司以其全部资产对公司债务承担责任的公司。有限责任公司因设立条件相对较低、设立程序简单而

成为最为常见的公司形态。股份有限公司是指由一定以上人数组成，公司全部资本分为等额股份，股东以其所持股份对公司承担责任，公司以其全部资产对公司债务承担责任的公司。股份有限公司因其可以在社会上广泛筹资、股份可以自由转让、公司可以实行所有权与经营权分离的经营方式和分权制衡机制，以及股东有限责任等特点，特别适合于大型企业的经营，现今已成为十分重要的公司形式。

我国的《期货交易管理暂行条例》并未对期货经纪公司采用何种公司类型进行限制，也就是说，只要满足了公司法规定的有关条件，期货经纪公司即可以是有限责任公司，也可以是股份有限公司。但《期货交易管理暂行条例》规定期货经纪公司在符合公司法的规定之外还须满足以下五个条件：一是注册资本最低限额为人民币 3000 万元；二是主要管理人员和业务人员必须具有期货从业资格；三是有固定的经营场所和合格的交易设施；四是有健全的管理制度；五是中国证监会规定的其他条件。《期货经纪公司管理办法》（修订）还要求期货经纪公司须有符合任职资格的高级管理人员和有符合现代企业制度的法人治理结构。目前，我国对于期货经纪公司的设立采取的是审批制，即设立期货经纪公司，须经中国证监会批准。这意味着，满足了有关的法律法规规定的条件，还须经有关部门审批并颁发期货经纪业务许可证后，方可成立期货经纪公司，开展期货经纪业务。

什么是代理？期货交易中有哪些代理情形？

代理，是代理人在代理权限内，以被代理人的名义同第三人进行民事法律活动，由此产生的法律效果直接归属于被代理人的行为。在代理行为中，通过他人实施民事法律行为的人称为被代理人，代理他人实施民事法律行为的人称为代理人。代理人在代理活动中涉及的对方当事人称为第三人。《民法通则》第 36 条第 1 款规

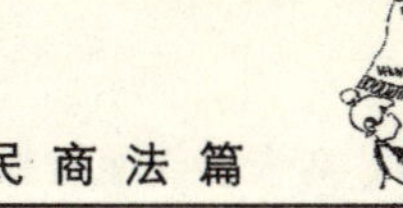

投资者可以委托他人代理其下达交易指令、划拨交易资金、代为交割等，其后果由投资者本人承担。

定："公民、法人可以通过代理人实施民事法律行为"。由此可见，代理的要点有四：一是代理人以被代理人的名义活动；二是代理必须是具有法律意义的行为；三是代理人在代理权限内作独立的意思表示；四是代理活动产生的后果直接由被代理人承受。

代理可以分为三种类型：

(1) 委托代理，即代理人根据被代理人的授权而进行的代理，由于这种代理是基于一方当事人的意志（授权）而发生的，所以又叫意定代理。民法通则第 65 条第 1 款规定，民事法律行为的委托代理，可以用书面形式，也可以用口头形式。

(2) 法定代理，即因法定的身份或者资格而以法律的直接规定为根据而取得代理权的代理。其特点是代理人的确定和代理范围都是法律直接确定的，无需被代理人的意思表示。法定代理主要适用于被代理人为无行为能力人或限制行为能力人的情况。

(3) 指定代理，是基于人民法院或者其他有权机关的指定而发生的代理。其他有权机关指依法对被代理人的合法权益负有保护义务的组织，如未成年人所在地的居民委员会、村民委员会等。

在期货交易中也存在不少代理情形，例如，投资者可以委托他人代理其下达交易指令、划拨交易资金、代为交割等。除了政策规定不能代理（例如投资者不得委托期货经纪公司或其从业人员代为决定交易指令）的情形外，投资者可以委托别人代理进行期货业务。

什么是无权代理？无权代理的法律后果是什么？

无权代理，是指代理人在不具有代理权的情形下实施的代理行为。这种代理行

为具有一般代理行为的表面特征，但因其不具有代理行为的实质特征而不是真正的代理。无权代理主要有三种情况，即根本未经授权的代理、超越代理权的代理和代理权已经终止后的代理。依照《民法通则》第66条的规定，无权代理行为，本人不予追认的，由行为人（无权代理人）承担民事责任，即应由该无权代理人对第三人承担民事责任。这里承担民事责任，是指由该无权代理人自己作为当事人履行该民事行为中相对人的义务，或者不能履行时对善意相对人承担损害赔偿责任。

但是，根据《民法通则》第66条第4款规定，“第三人知道行为人没有代理权、超越代理权或者代理权已经终止还与行为人实施民事行为给他人造成损害的，由第三人和行为人负连带责任。”这种连带责任的成立需要具备如下的条件：①第三人有主观上的故意，即第三人知道行为人无权代理，还要与行为人实施民事行为，属于主观上的故意，这是第三人承担连带责任的最基本条件；②有造成他人损害的事实。可见，无权代理中连带责任产生的前提是第三人知道行为人无代理权，而仍与之进行民事活动，如果不知道行为人无代理权，而与其进行了民事活动，就不能追究第三人的连带责任。如果仅具有第一个特征，而没有给他人造成损害，也不产生连带责任。

在期货交易中可以出现代理的情况下，均可能发生无权代理的问题，可以依据上述规定确定责任。

12 什么是诉讼时效？法律上规定诉讼时效对于期货交易有何实际意义？

诉讼时效是指权利不行使达一定期间而失去诉讼保护的制度。对此，需要把握

两点：一是诉讼时效以权利人不行使法定权利的事实状态的存在为前提。具体来说，诉讼时效适用于一切债权，而物权、人身权和知识产权的不行使，则不适用诉讼时效（但这些权利受侵害而产生的损害赔偿或其他民事救济请求权，属于债权，应适用诉讼时效）。二是诉讼时效届满并不消灭实体权利。这意味着：第一，诉讼时效期间的经过，不影响权利人提起诉讼，即不丧失起诉权；第二，权利人起诉后，法院在确认诉讼时效届满的情况下，应驳回其诉讼请求，即权利人丧失胜诉权；第三，时效届满后，义务人自愿履行的，权利人仍然可以受领且受法律保护。义务人履行后，不得以自己不知道关于诉讼时效的规定或不知诉讼时效期间已届满为由，向法院起诉要求返还。

诉讼时效期间是法定的，不同的诉讼时效有不同的期间。我国民法设立了两种诉讼时效，这就是普通诉讼时效和特别诉讼时效。普通诉讼时效，是由民事普通法规定的，适用于法律无特殊规定的各种民事法律关系的诉讼时效。根据民法通则的规定，普通诉讼时效期间为 2 年。特别诉讼时效，是民事普通法或者特别法规定的，仅适用于特定民事法律关系的诉讼时效。民法通则第 136 条规定，以下四种情况适用 1 年诉讼时效：①身体受伤害要求赔偿的；②出售质量不合格的商品未声明的；③延付或拒付租金的；④寄存财物被丢失或毁损的。

一般说来，诉讼时效应从权利人能够行使请求权时起算，民法通则第 137 条规定："诉讼时效期间从知道或者应当知道权利被侵害时起计算。"所谓"权利被侵害"，包括两种情况：一是对相对权的侵害，这主要指债的不履行或不适当履行；二是对绝对权的侵害，即对物权、人身权和知识产权的侵犯。根据民法通则第 137 条的规定，权利人不知道或不应当知道权利被侵害，诉讼时效期间即不应起算。但是，若对此毫无限制，则意味着对权利人的权利保护是无期限的，这样反而有违时效制度的设立宗旨。因此，民法通则规定，从权利被侵害之日起超过 20 年的，人民

法院不予保护。这20年，是权利保护的最长期限，有人称之为“绝对诉讼时效”。

诉讼时效的规定对于期货交易同样具有重要的意义。期货市场情况瞬息万变，要求期货交易所、期货经纪公司、投资者对各种情况以最快的速度作出反应，尽可能快地确定主体间的民事法律关系以及权利义务，从而保证交易的正常进行和交易秩序的稳定。在期货市场中，如果一方当事人的合法权益受到了侵犯，应当迅速作出反应，通过法律的途径寻求保护和救济。否则，如果在权利被侵害后的很长时间都不依法行使救济权，不但会使交易长期处于不确定状态，还会使以后的诉讼面临难以取证、无法依法进行判决等困难。

13 什么是除斥期间？法律上规定除斥期间对于期货交易有何实际意义？

除斥期间，亦称预定期间，是指法律预定某些权利于存续期间届满当然消灭的期间。例如，民法通则中的撤销，变更民事行为期间，受遗赠表示期间，对产品质量、规格提出异议的期间等都属于对除斥期间的规定。

期货交易中涉及除斥期间的，较典型的是投资者对交易结算提出异议的期间。一般来说，交易所或期货公司应当按照交易所交易规则规定或者经纪合同约定的期限、方式，将交易或持仓头寸的结算结果通知期货公司或投资者。投资者应当按照约定的期间向期货经纪公司提出异议，否则视为接受交易结果。因未按规定或约定通知而造成期货公司或投资者损失的，由交易所或期货公司承担直接损失。客户对当日交易结算结果的确认，亦应认定系对该日之前所有持仓和交易结算结果的确认，所产生的经济损失由客户自行承担。

□确认结果是否相符　客户未在规定时间内对结算单内容提出异议，视为接受交易结果；客户对当日交易结算结果的确认，系对该日之前所有持仓和交易结算结果的确认。

另外，期货交易中也可能会出现可撤销合同等除斥期间的情况。具体而言，包括撤销期货经纪合同、委托合同和保管合同。撤销权是期货投资者享有的一项民事权利，法律既允许投资者放弃该项权利，又为了保证期货市场交易的稳定而对投资者行使该项权利规定了有效期限即除斥期间。根据我国合同法第55条规定，撤销权在两种情况下消灭：一是具有撤销权的合同当事人，在其知道或者应当知道合同有可撤销的法定事由之日起一年内没有行使撤销权的，该权利消灭；二是合同当事人虽享有撤销权，但其在知道合同有可撤销的法定事由后，明确表示或者以自己的行为放弃该项权利的，该权利归于消灭。因此，期货投资者如果认为其依法有权撤销期货经纪合同、委托合同或保管合同，应当尽可能在较短的时间内迅速行使其权利，以确保其正当权益能够获得法律的保护，否则，除斥期间经过后，投资者即使能够证明合同具有可撤销事由，也无法撤销合同了。

14 什么是标准仓单？

依据我国合同法第386、387条的规定，仓单是仓储合同关系中提取仓储物的凭证，仓储物的保管人应当在仓单上签字或者盖章。在期货市场中，标准仓单是指由期货交易所统一制定的，交易所指定交割仓库在完成入库商品验收、确认合格后签发给货主的实物提货凭证。标准仓单经交易所注册后生效，方可用于交割。

15 如何认识标准仓单的法律性质？

标准仓单是表示一定数量货物交付或返还请求权的文书，属于物权凭证，同时

也是记名的物权证券。标准仓单上所载明的权利与标准仓单是不可分离的。首先，持有标准仓单，就表示持有仓单上注明的一定数量或品质的物品，持单人对于保管物的受领，不仅应提示仓单，而且还应邀回仓单；其次，标准仓单可以背书转让。存货人或者仓单持有人在仓单上背书并经保管人签字或者盖章的，可以将仓单上所载明的物品的所有权转移于他人。交付仓单，即表示交付了仓单上注明的物品。第三，由于标准仓单的物权属性，它还可以在期货交易中进行质押。因此，我国期货交易所规定，标准仓单可用于交割、转让、提货、质押等。另外，如因仓单损毁或遗失、被盗而灭失，存货人或仓单持有人丧失仓单的，得依我国民事诉讼法的规定，通过公示催告程序以确认其权利。

 16 如何理解债权债务的转移和承受？

债的转移，指在不改变债的内容的前提下，债权或者债务由第三人予以承受，包括债权让与、债务承担，以及债权债务的概括承受。债的转移的实质就是债权或债务在不同的民事主体之间的转移，即由新的债权人或债务人代替原债权人或债务人。

债权让与，指不改变债的内容，债权人将其享有的债权转移给第三人享有。由于债的内容保持不变，通常情况下，债权让与对债务人并无不利。但法律为保护债务人的利益，对债权让与的条件及其效力也有限制性的规定。债权人转让债权的，应当通知债务人。未经通知，该转让对债务人不发生效力。债权人转让债权的通知不得撤销，但经受让人同意的除外。债务人接到债权转让通知后，其原应向债权人履行的义务，应当直接向受让人履行。债务人对让与人的抗辩，可以向受让人主张。债务人对让与人享有的债权，也可以向受让人主张抵销。债权转让后，让与人

对受让人负有使其完全行使债权的义务，故其应将足以证明债权的一切文件交付给受让人。为使受让人实现债权，让与人应将其关于主张该债权所必要的情形告知受让人。例如债务人住所、履行方法等。

债务承担，指不改变债的内容，债务人将其负担的债务转移于第三人。因债务转移，承担人的信誉、履约能力及财产状况都会对债权的安全发生影响，故债务人与承担人订立的债务承担合同，非经债权人的同意或提供担保（《公司法》第 184 条），对于债权人不发生效力。《合同法》第 84 条规定："债务人将合同的义务全部或者部分转移给第三人的，应当经债权人同意。"债务承担后，债务人脱离原债务关系，而由承担人直接向债权人承担义务。债务人转移义务的，新债务人可以主张原债务人对债权人的抗辩，新债务人应当承担与主债务有关的从债务，但该从债务专属于原债务人自身的除外。债务承担未取得保证人同意的，保证人的保证责任消灭。

债权债务的概括承受，是指债权与债务作为财产的整体而转移的，例如法定继承、法人合并。概括承受中有关债权让与和债务承担的事项可准用债的转移的规定。

17 什么是侵权责任？其归责原则是什么？

侵权行为，是指非法侵害他人的人身权利和财产权利，给他人造成损害的行为。因侵权行为受到损害的人，有请求加害人赔偿损失的权利，加害人有赔偿受害人损失的义务，因侵权行为而在当事人之间发生的权利义务关系，就是侵权之债。

一个行为构成侵权行为，须符合以下四个条件：一是损害事实的客观存在。损

害是指因一定的行为或事件使民事主体的权利遭受某种不利的影响，损害既包括财产损害，也包括非财产损害。权利主体只有在受到损害的情况下，才能够请求法律上的救济。二是行为的违法性，是指对法律禁止性和命令性规定的违反。有些行为表面上侵害了他人的权利，但不认定为违法行为，如职务授权行为、正当防卫行为、紧急避险。三是违法行为和损害事实之间的因果关系，指行为人的行为与损害事实之间所存在的前因后果的必然联系。四是行为人的过错，指行为人对自己行为的后果所抱的应受非难的主观态度，是法律和道德对行为人行为的否定评价，包括故意和过失两种基本形式。只有四个要件同时具备，该行为才构成侵权行为，行为人须负损害赔偿责任。

侵权行为的归责原则，是确定行为人民事责任的标准和根据，包括过错责任原则、无过错责任原则、公平责任原则。

过错责任原则，指以行为人的过错为承担民事责任的要件。在过错责任中，以过错为责任的构成要件和最终要件，并以过错作为确定责任范围的依据。无过错，即无责任。《民法通则》第 106 条第 2 款规定："公民、法人由于过错侵害国家的、集体的财产，侵害他人财产、人身的，应当承担民事责任。"一般民事责任的确定均以过错是责任为归责原则，在构成要件中要求同时具备过错、违法行为、因果关系、损害等四个条件。

无过错责任原则，又称为责任原则，指的是在法律规定的情况下，不以过错的存在判断行为人应否承担民事责任的归责原则。民法通则第 106 条第 3 款规定："没有过错，但法律规定应当承担民事责任的，应当承担民事责任。"无过错责任原则仅适用于法律特别规定的情形。

公平责任原则，是指在法律没有规定适用无过错责任原则，而适用过错责任又显失公平时，依公平的原则在当事人之间分配损害的归责原则。民法通则第 132 条

规定：“当事人对造成损害都没有过错的，可以根据实际情况，由当事人分担民事责任。”最高人民法院《关于贯彻执行〈中华人民共和国民法通则〉若干问题的意见（试行）》第157条规定，当事人对造成损害均无过错，但一方是在为对方的利益或者共同的利益进行活动的过程中受到损害的，可以责令对方或者受益人给予一定的经济补偿。

18 什么是不当得利？

不当得利，是指没有合法根据而取得利益，致使他人受到损害或承受损失的事实。由于该利益的取得缺少法律上的根据，且其取得是建立在他人受损害的基础上，二者之间有因果关系，因此，依照法律规定，利益的获得人应当将该利益返还于因此而受到损失的人。这就在当事人之间发生一种以不当得利返还为内容的债权债务关系，即不当得利之债。如果一项行为构成不当得利，则获得利益的人应当将该利益返还给受到损失的人，前者是债务人，后者是债权人，须返还的客体既可以是原物，也可以是折算的金钱。

19 什么是合同？期货市场常见的合同有哪些？

合同，又称契约，合同法第2条规定，合同是平等主体的自然人、法人及其他组织之间设立、变更、终止民事权利义务的协议。

合同作为一种典型的民事法律行为，具有如下法律特征：

（1）合同是平等的民事主体之间进行的民事法律行为，具有主体的平等性。合

同主体的平等性体现为：第一，订立合同的当事人无论是机关法人、事业单位法人、社会团体法人，还是自然人或者其他社会组织，彼此法律地位平等，任何一方不得凭借行政权力、资产优势等凌驾于对方之上。第二，在订立合同的过程中，合同当事人各方都有权自由表达意思，维护自己的合法权益，任何一方都不得把自己的意志强加给对方。

（2）合同是民事主体进行的双方法律行为，具有意思表示的一致性。合同当事人意思表示的一致性表现为：第一，合同的订立，必须充分表达合同当事人关于订立合同、确定特定权利和义务关系的真实意思。第二，合同的成立，是双方当事人意思表示相一致的结果。如果当事人一方或双方对彼此商议的内容尚存分歧，无法达成协议，则合同不成立。

（3）合同是明确当事人之间权利和义务的协议，具有内容的确定性。合同内容的确定性，主要体现为：第一，依法成立合同的，可以是设立民事权利义务关系的协议，也可以是变更或者消灭民事权利义务关系的协议，无论不同合同的目的有何区别，但在明确当事人之间的权利与义务这一点是共同的。第二，合同中所确定的当事人之间的权利与义务是对应性的，即当事人之间的权利与义务相互关联或者对等，在大多数情况下，合同都是双务的，当事人既享有权利，又负担义务，一方享有权利，同时就是对方应负的义务。

（4）合同是具有法律效力的民事行为，具有履行的强制性。合同履行的强制性体现为：第一，合同依法成立后，各方当事人均应按照合同的约定，严格履行自己的义务，不得擅自变更或者解除合同。第二，合同当事人违反合同的约定，不履行合同义务或者履行合同义务不符合约定的，应当承担继续履行、采取补救措施或者赔偿损失等违约责任。

各种合同在期货市场中都有可能涉及，但最经常出现的有期货经纪合同、委托

合同、居间合同、仓储合同等。

20 如何认识合同的效力?

合同的效力，是指依法成立的合同产生的使民事权利义务设立、变更或者终止的后果。合同中对双方当事人权利和义务的约定，在符合法定条件和法定程序时，便发生了法律效力，对当事人产生法律上的约束力。合同当事人任何一方都须严格地按照法律的规定和合同的约定履行自己的义务，任何一方不得擅自变更或者解除合同，任何一方违反合同时都应当依法承担违反合同的义务。

依照我国合同法的有关规定，合同的生效有如下几种情况：

(1) 在一般情况下，依法成立的合同，应当从该合同成立时起生效。

(2) 合同成立后，尚需依照法律或者行政法规的规定办理相应的批准或者登记手续的，只有在批准或者登记手续办理完毕后，该合同才能生效。例如，我国担保法规定：当事人以无地上定着物的土地使用权，城市房地产或者乡（镇)、村企业的厂房等建筑物，林木，航空器，船舶，车辆，企业的设备和其他动产设定抵押关系的，应当办理抵押物登记，抵押合同自登记之日起生效。

(3) 当事人在订立合同时约定了合同生效条件的，只有当所附的条件成立时，该合同才生效。

(4) 当事人在订立合同时约定了合同生效期限的，在所附的期限届至时，该合同才生效。而附终期的合同，当期限届满时合同失效。

21 什么是无效合同和可撤销合同？

合同的无效，指已经成立的合同，因不符合法律规定的生效条件而不能发生合同当事人期望的目的，不具有法律约束力。根据我国《合同法》的规定，下列原因导致合同无效：

（1）一方以欺诈、胁迫的手段订立合同，损害国家利益的。欺诈，是指一方当事人故意告知对方虚假情况，或者故意隐瞒真实情况，诱使对方当事人作出错误意思表示；胁迫，是以给公民及其亲友的生命健康、荣誉、名誉、财产等造成损害或者以给法人的荣誉、名誉、财产等造成损害为要挟，迫使对方作出违背真实意愿的意思表示。以上述手段订立合同并损害了国家利益的，该合同无效。

（2）恶意串通订立合同，损害国家、集体或者第三人利益的。恶意串通是指民事行为的双方或者多方当事人恶意合谋，弄虚作假，从事损害国家、集体或者第三人利益的活动。

（3）以合法形式掩盖非法目的而订立合同的。该类行为的实质是规避法律，因而应认定其不发生法律效力。

（4）行为人订立的合同损害社会公共利益的。

（5）行为人订立的合同违反法律、行政法规的强制性规定的。

此外，我国合同法第53条规定："合同中下列免责条款无效：1.造成对方人身伤害的；2.因故意或者重大过失造成对方财产损失的。"这两种免责条款直接违背了我国民法的平等原则和公平原则，使一方当事人处于不利的地位，破坏了社会经济秩序的正常状态。

合同的可变更和撤销，是指出现下列情况，当事人一方有权请求人民法院或者

仲裁机构依照合同法的规定，变更或者撤销已经订立的合同：

（1）因重大误解订立的合同。所谓“重大误解”，是指行为人因对行为的性质，对方当事人，标的物的品种、质量、规格和数量等产生错误的认识，致使行为后果与自己的真实意思相违背，并造成较大损失。

（2）在订立合同时显失公平的。显失公平是指一方当事人利用优势或者利用对方没有经验，致使双方的权利与义务明显违反公平、等价有偿原则的民事行为。

（3）一方以欺诈、胁迫的手段或者乘人之危，使对方在违背真实意思的情况下订立的合同，受损害方有权请求人民法院或者仲裁机构变更或者撤销合同。合同当事人对可变更、可撤销合同的请求权，可以按照自己的意愿选择性地行使。我国合同法规定，“当事人请求变更的，人民法院或者仲裁机构不得撤销。”

22 如何处理无效合同和被撤销的合同？

对于无效和被撤销的合同，我国合同法第56条规定：“无效的合同或者被撤销的合同自始没有法律约束力。”按照此规定，无效的合同和被撤销的合同，其没有法律效力的后果一直回溯到合同订立之时。合同部分无效，不影响其他部分效力的，其他部分仍然有效。

在合同当事人已经按照合同给付财产或者遭受损失的情况下，合同无效和被撤销后，必然涉及到财产责任的承担。我国合同法对合同无效和被撤销后的财产责任的规定，包括如下几个方面：

（1）在合同被认定无效或者被撤销后，依该合同而取得财产的一方，应当承担返还财产的民事责任。

（2）应承担返还财产责任的一方如果不能返还财产原物或者没有必要返还原物

的，应当对受损害的一方给予折价补偿。

(3) 对合同的无效或者被撤销有过错的一方，应承担向受损害方赔偿损失的民事责任。如果当事人双方均有过错的，应依据其过错程度，由各自承担相应的民事责任。

(4) 合同当事人之间恶意串通，订立的合同损害了国家、集体或者第三人利益的，对当事人因此而取得的财产，应当收归国家所有，或者将财产返还给受到损害的集体、第三人。

23 什么是缔约过失？

缔约过失是指在合同缔结过程中，一方因未履行其依据诚实信用原则所应尽的义务，而导致另一方的信赖利益受到损失，或者因未履行对他人的照顾和保护义务，而使对方当事人受到人身或财产损害，而应当承担损害赔偿责任。缔约过失责任的适用范围主要有：假借订立合同，恶意进行磋商；故意隐瞒与订立合同有关的重要事实或者提供虚假情况；泄露或者不正当地使用商业秘密；其他违背诚实信用原则的行为。在上述几种情况下，一方只有给另一方造成损失的，才负缔约过失责任。

24 期货经纪公司未向投资者揭示风险算不算缔约过失？

在投资者与期货经纪公司签订期货经纪合同前，期货经纪公司负有向投资者出示期货交易风险说明书的义务，这是由期货交易的特点所决定的，也是诚实信用原则在缔约过程中的体现。如果期货经纪公司没有向投资者充分揭示期货交易的风险

就与投资者签订了期货经纪合同，则可能使投资者因不知晓期货交易的巨大风险而蒙受损失，这是违背诚实信用原则的。故意隐瞒与订立合同有关的重要事实或者提供虚假情况的行为，构成缔约过失，投资者如果因此遭受损失，有权依据合同法的有关规定请求期货经纪公司予以赔偿。

现行法规、规章及交易所规则等均规定期货公司负有风险揭示义务，期货公司在与客户签署委托合约时，必须提示风险说明，否则就要对交易者的交易损失承担赔偿责任。《期货司法解释》也有明确规定：期货公司在与客户订立期货经纪合同时，未提示客户注意《期货交易风险说明书》内容，并由客户签字或者盖章，对于客户在交易中的损失，应当依据《合同法》第42条第（3）项的规定承担相应的赔偿责任。但是，根据以往交易结果记载，证明客户已有交易经历的，应当免除期货公司的责任。《合同法》第42条规定："当事人在订立合同过程中有下列情形之一，给对方造成损失的，应当承担损害赔偿责任：（1）假借订立合同，恶意进行磋商；（2）故意隐瞒与订立合同有关的重要事实或者提供虚假情况；（3）有其他违背诚实信用原则的行为。"

对于初次进入期货市场进行交易的投资者来说，风险说明书至关重要，必须予以提示和说明，违反者的确应当承担赔偿责任，如果放任风险提示的随意性，实际上对客户是不负责任的。但从事期货交易的投资者并非都是初次进入市场者，有相当一部分客户是曾经在期货市场中从事过交易或曾为从业人员的，有的甚至还很内行。对于他们的签约、交易，没有必要像初次进入者一样对待，尤其是当客户亏损时，其常常会找理由让交易所、期货公司承担责任，更不应因为风险揭示书一张纸没有拿到，就判定交易所、期货公司承担责任，有必要作出特殊规定，也可以避免客户钻法规、规章的漏洞。《期货司法解释》就是基于这种考虑，只要有证据证明客户曾经参与过期货交易，或为期货市场从业人员的，期货公司可以免责。

□ 风险揭示

期货公司必须向初入市的期货投资者揭示投资风险。

25 什么是委托合同？

委托合同，又称为委任合同，是指一方委托他方处理事务，他方允诺处理事务的合同。委托他方处理事务的为委托人。允诺为他方处理事务的为受托人。委托合同具有以下特点：一是委托合同是以为他人处理或管理事务为目的的合同，委托合同是一种典型的提供劳务的合同，合同订立后，受托人在委托的权限内所实施的行为，其法律效力等同于委托人自己的行为。受委托人办理委托事务的费用由委托人承担。二是委托合同订立以委托人和受托人之间的相互信任为前提；委托人之所以选定某人作为受托人为其处理事务，是以他对受托人的办事能力和信誉的了解、相信受托人能够处理好委托的事宜为基本出发点的。

在委托合同中，受托人负有以下义务：

(1) 依委托人的指示处理委托事务的义务。

(2) 亲自处理委托事务的义务。

(3) 受托人应当按照委托人的要求，随时或者定期报告受托事务的处理情况。受托事务终了或者委托合同终止时，受托人应当将处理委托事务的始末经过和处理结果报告给委托人，并提交必要的证明文件，如各种账目、收支计算情况等。

(4) 财产转交义务。受托人因处理委托事务所取得的财产，应当转交给委托人，这些财产包括金钱、物品及其孳息、权利等。

在委托合同中，委托人负有以下义务：

(1) 支付费用的义务。不论委托合同是否有偿，委托人都有支付费用的义务。委托人履行支付费用的义务有两种方式，一种是预付费用，二是偿还费用。

(2) 支付报酬的义务。委托合同如果是无偿的，委托人自然无支付报酬的义

务；如果当事人之间约定报酬，则委托人应支付报酬，受托人享有给付报酬请求权。

（3）赔偿受托人损失的义务。委托人对于受托人在处理委托事务中非因自己过错所造成的损失应负赔偿损失的义务。

什么是行纪合同？

行纪合同，是指一方根据他方的委托，以自己的名义为他方从事贸易活动，并收取报酬的合同。其中以自己名义为他方办理业务的，为行纪人；由行纪人为自己办理业务，并支付报酬的，为委托人。行纪合同具有以下特点：

（1）行纪合同主体的限定性。在我国，行纪合同的委托人可以是自然人，也可以是法人或其他组织，但行纪人只能是经批准经营行纪业务的自然人、法人或其他组织，未经法定手续批准或核准经营行纪业务的自然人、法人和其他组织不得经营行纪业务，不能成为行纪合同的行纪人。

（2）行纪人须以自己的名义为委托人办理业务。行纪人在与第三人实施法律行为时，自己即为权利义务主体，由法律行为所产生的权利义务均由行纪人自己享有或承担。

（3）行纪人须为委托人的利益办理业务。在行纪人与第三人为法律行为时，应充分考虑到委托人的利益，并将其结果归属于委托人。

（4）行纪合同的标的是行纪人为委托人进行一定法律行为。

（5）行纪合同是双务、有偿合同。行纪人负有为他方办理买卖或其他商事交易的义务，而委托人负有给付报酬的义务，双方的义务相互对应；同时，行纪人完成事务须收取报酬，为有偿服务而不是无偿服务，双方的利益具有对价关系。

在行纪合同中，行纪人负有下列义务：

(1) 负担行纪费用的义务。行纪费用，是指行纪人在处理委托事务时所支出的费用。我国合同法第415条规定："行纪人处理委托事务支出的费用，由行纪人负担，但当事人另有约定的除外。"

(2) 妥善保管委托物的义务。

(3) 合理处分委托物的义务。

(4) 依委托人的指示处理事务的义务。根据我国合同法的规定，对于委托人所指定的卖出委托物的价格或买入价格，行纪人有遵从指示的义务。

在行纪合同中，委托人负有的主要义务有：

(1) 支付报酬的义务。行纪人完成或者部分完成委托事务的，有权要求获得报酬，委托人有支付报酬的义务。所谓报酬，系行纪人为行纪行为的对价，按照交易习惯确定。行纪人的报酬，多以其所交易的价额的一定比率提取，期货交易最为典型。因不可归责于行纪人的事由发生，致使行纪人不能完成行纪行为的，如果行纪人已做了部分履行，且该部分履行相对于全部委托事务来说可以独立存在，则行纪人有权就委托事务完成的部分请求委托人支付报酬。如果仅完成了部分委托事务，但委托人的经济目的已完全达到的，行纪人有权请求支付全部报酬。如果委托事务不能完成或不能全部完成，是委托人自己所造成的，行纪人仍有权请求委托人支付报酬。行纪人和委托人对行纪报酬另有约定的，依其约定。

(2) 受领或取回标的物的义务。

27 什么是居间合同?

居间合同，是指双方当事人约定一方为另一方提供订约机会或订立合同的媒

介，另一方给付报酬的合同。在居间合同中，提供订约机会或提供交易媒介的一方为居间人，给付报酬的一方为委托人。居间合同具有以下特点：

（1）居间合同是一方当事人为另一方报告订约机会或提供订约媒介的合同。所谓报告订约机会，是指受委托人的委托，寻觅及提供可与委托人订立合同的相对人，从而为委托人提供订约机会。所谓订约媒介，是指介绍双方当事人订立合同，居间人斡旋于双方当事人之间，促进双方交易达成。

（2）居间合同为有偿合同。居间合同中的委托人需向居间人给付一定报酬，作为对居间人居间活动的报偿。

（3）居间合同的委托人一方的给付义务的履行有不确定性。在居间合同中，居间人的活动达到居间目的时，委托人才有给付报酬的义务。而居间人的活动能否达到目的，委托人与第三人之间能否交易成功，有不确定性，不能完全由居间人的意志所决定。因此，委托人是否付给居间人报酬，也是不确定的，附有一定条件。

在居间合同中，居间人负有下列义务：

（1）报告订约机会或充当订约媒介的义务。居间人对于订约事项，应就其所知，据实地报告给委托人或各方当事人。

（2）忠实和尽力的义务。居间人不得对订立合同实施不利影响，或者故意隐瞒与订立合同有关的重要事实或者提供虚假情况，影响合同的订立或者损害委托人的利益。居间人对于所提供的信息、成交机会以及后来的订约情况，负有向其他人保密的义务。

（3）负担居间活动费用的义务。在一般情况下，居间人支出的居间活动的费用都已计算在居间报酬内。

在居间合同中，委托人负有下列义务：

(1) 支付报酬是委托人的主要义务。报酬数额和支付方式，由当事人约定。

(2) 支付必要居间费用的义务。居间费用一般包含于报酬之中，若居间成功由居间人负担。我国合同法规定居间人未促成合同成立的，“可以请求委托人支付从事居间活动支出的必要费用。”

28 委托合同、行纪合同和居间合同有何异同点？

委托合同、行纪合同和居间合同非常相似：第一，合同双方当事人的权利和义务都是基于委托人的委托而产生的，都以委托人的信任为前提；第二，都是一方接受另一方的委托，为其处理委托的事务或者提供一定的服务的合同；第三，委托人都要向对方当事人支付相应的报酬或者费用；第四，事务处理的结果最终都是为了委托人的利益，要由委托人来承担；第五，受托人都应按照诚实信用的原则，亲自、尽力为委托人处理事务，对处理事务不当对委托人造成的损失都要负担损害赔偿责任。

但是，三者又具有各自不同的特点：

(1) 合同主体的限定不同：我国法律对委托合同和居间合同的当事人没有限制，但行纪合同的行纪人只能是经批准经营行纪业务的自然人、法人或其他组织，未经法定手续批准或核准经营行纪业务的自然人、法人和其他组织不得经营行纪业务，不能成为行纪合同的行纪人。

(2) 处理委托事务的内容不同：委托合同中的受托人可以为委托人处理各种事物；行纪合同中的行纪人可以以自己的名义为他方从事贸易活动；居间合同中的居间人则为他方报告订约机会或提供订立合同的媒介。

(3) 处理事务时的名义不同：一般情况下，委托合同中的受托人在处理事务时

须表明委托人的身份，以委托人的名义进行，特殊情况下，委托人也可以以自己的名义处理委托事务；行纪合同中的行纪人则以自己的名义为委托人从事贸易活动；居间合同中的居间人在作为缔约媒介时须向合同双方表明自己的居间人身份，合同双方则以自己的名义订立合同。

29 什么是仓储合同？有何主要特点？

仓储合同，又称为仓储保管合同，是指当事人双方约定由保管人（又称仓库营业人）为存货人保管储存的货物，存货人为此支付报酬的合同。仓储合同具有以下特征：

（1）保管人须为有仓储设备并专门从事仓储保管业务的主体。

（2）仓储合同的保管对象是动产。

（3）仓储合同为双务、有偿合同，保管人须提供仓储服务，存货人须给付报酬和其他费用。

（4）存货方主张货物已交付或行使返还请求权时，以仓单为凭证。

在仓储合同中，保管人负有以下义务：

（1）出具仓单的义务。

（2）接收和验收义务。保管人应按合同的约定，接受存货人交付储存的仓储物。保管人不能按合同约定的时间、品名（品类）、数量接受仓储物入库的，应承担违约责任。保管人验收时发现入库仓储物与约定不符合的，应当及时通知存货人。保管人验收后，发生仓储物的品种、数量、质量不符合约定时，保管人应当承担赔偿责任。

（3）通知义务。在储存的仓储物出现危险时，保管人有义务及时通知存货人或者持有人。保管人对入库仓储物发现有变质或其他损坏，危及其他仓储物的安全和

正常保管的，应当催告存货人或者仓单持有人作出必要的处置。因情况紧急，保管人可以作出必要的处置，但事后应当将该情况及时通知存货人或仓单持有人。

(4) 妥善保管义务。保管人应当按照合同约定的储存条件和保管要求，妥善保管保管物。

(5)“容忍”义务。保管人根据存货人或仓单持有人的要求，应当同意其检查仓储物或者提取样品。

在仓储合同中，存货人负有以下义务：

(1) 说明义务。储存易燃、易爆、有毒、有放射性等危险物品或者易腐等特殊货物的，根据合同法第383条的规定，存货人应当向保管人说明货物的性质和预防危险、腐烂的方法，提供有关的保管、运输等技术资料，并采取相应的防范措施。存货人违反该义务的，保管人有权拒收该货物；保管人因接受货物造成损害的，存货人应承担损害赔偿责任。

(2) 提取仓储物的义务。当事人对储存期间没有约定或者约定不明确的，存货人或者仓单持有人可以随时提取仓储物，保管人也可以随时要求存货人或仓单持有人提取仓储物，但应当给予必要的准备时间。合同中约定有储存期间的，存货人或仓单持有人应当按照合同的约定及时提取仓储物。仓储合同期限届满前，保管人不得要求返还或要求由存货人或仓单持有人取回保管物。在存货人或仓单持有人要求返还时，保管人不得拒绝返还，但不减收仓储费。存货人或仓单持有人对于临近失效期或有异状的货物，应当及时提取或予以处理。合同约定的期限届满时，或者在未约定期限而收到保管人的合理的货物出库通知时，存货人或仓单持有人应及时办理货物的提取。存货人或仓单持有人提取货物时须提供并缴回仓单。由于存货人或仓单持有人的原因不能使货物如期出库造成压库时，存货人或仓单持有人应负违约责任。

刑法篇

30 什么是犯罪？什么是刑罚？

犯罪是具有严重社会危害性的行为。所有的违法犯罪行为都是具有社会危害性的行为，而犯罪行为的社会危害性程度要重于一般违法行为，因而严重的社会危害性是犯罪的基本特征之一。犯罪是触犯刑事法律的行为，只有当危害社会的行为触犯刑法的时候才构成犯罪，违反其他法律的行为，可能会使行为人承担民事或行政法律责任，但只要不是同时触犯了刑法，就不是犯罪。此外，犯罪是应当受到刑罚惩罚，即刑罚的行为。

刑罚是由刑法明文规定的由国家审判机关依法对犯罪人所适用的限制或剥夺其某种权益的最严厉的强制性法律制裁。与其他法律制裁比较，刑罚是一种最严厉的法律制裁，仅适用于触犯刑律构成犯罪的人，只能由国家审判机关，即人民法院，以刑法为根据并依照法定的诉讼程序加以适用。

我国刑法规定的刑罚种类分为主刑和附加刑，其中主刑包括管制、拘役、有期徒刑、无期徒刑和死刑五种；附加刑包括罚金、没收财产、剥夺政治权利和驱逐出境四种。驱逐出境，是指强迫犯罪的外国人离开中国（边）境的刑罚方法，它是一种专门适用于犯罪的外国人的附加刑。

31 如何理解罪刑法定原则?

罪刑法定原则，是刑法中最重要的原则，简单地说，就是“法无明文规定不为罪，法无明文规定不处罚”。一种行为只有当刑法将其明确规定为犯罪的，才能认为是犯罪并予以刑事处罚。即使某种行为具有社会危害性，但刑法没有将其规定为犯罪的，就不能追究行为人的刑事责任，不能处以刑罚。罪刑法定原则是保护公民合法权益和基本人权、保护无辜的人免受刑事追究的最根本的保障。根据罪行法定原则，刑法不具有溯及既往的效力，也就是说，判断一个行为是否是犯罪，只能以这个行为发生时的法律为依据，而不能以这个行为发生以后才生效的法律为依据。一种行为在发生时刑法没有将其规定为犯罪的，即使此后法律进行了修改，或者有了新的法律将其规定为犯罪，同样不能认为是犯罪，不能追究刑事责任。

32 什么是犯罪构成?

犯罪构成，是判断一个行为是否犯罪，是什么犯罪的标准。具体包括犯罪客体、犯罪客观方面、犯罪主体、犯罪主观方面四个要件。

犯罪客体，是指我国刑法所保护而为犯罪行为所侵犯的社会关系。某种行为如果没有或者不可能侵害任何一种刑法所保护的社会关系，就不可能构成犯罪。犯罪客体与犯罪对象不同。犯罪对象是指犯罪行为直接作用的具体的人或物。犯罪客体总是通过一定的犯罪对象表现出来。

犯罪客观方面，是指犯罪活动的客观外在表现。说明犯罪客观方面的事实特征有：危害行为，危害结果，犯罪的方法、时间、地点等。其中危害行为是一切犯罪的必备要件，危害结果是绝大多数犯罪构成的必备要件，犯罪的方法、时间、地点只是某些犯罪构成的必备要件。

危害行为，是指在人的意志或者意识支配下危害社会的行为，包括作为和不作为。作为，是指用积极的行为所实施的危害行为，是不当为而为之。不作为，是指行为人有义务实施并且能够实施某种积极的行为而未实施的行为，是当为而不为之。例如，警察有制止犯罪行为的义务，能够制止而不制止的，就是不作为的行为。

危害结果，是指由行为人的危害行为所引起的对犯罪客体所造成的损害。而且，危害结果必须与行为人的危害行为之间具有因果关系。

犯罪主体，是指实施危害行为并且依法应当承担刑事责任的自然人和单位。作为自然人的犯罪主体，要达到刑事责任年龄并具备刑事责任能力。对于特定的犯罪，除了达到刑事责任年龄并具备刑事责任能力外，还要求具有特定的职务或者身份。例如，玩忽职守罪的犯罪主体，必须是国家工作人员。刑事责任年龄划分为三个阶段：①完全不负刑事责任年龄阶段，即不满 14 周岁的。②相对负刑事责任年龄阶段。已满 14 周岁不满 16 周岁的，只对自己实施的严重危害社会的 8 种故意犯罪即故意杀人、故意伤害致人重伤或者死亡、强奸、抢劫、贩卖毒品、放火、爆炸、投毒罪负刑事责任。③完全负刑事责任年龄阶段，即已满 16 周岁的。刑事责任能力，是指行为人必须具备辨认和控制自己行为的能力，包括辨认行为能力和控制行为能力。精神病人因不能控制和辨认自己的行为造成危害后果的，不负刑事责任。

公司、企业、事业单位、机关、团体实施的危害社会的行为，法律规定为单位

犯罪的，应当负刑事责任。对单位犯罪，原则上实行双罚制，即同时处罚犯罪的单位和该单位直接负责的主管人员和其他直接责任人员。对单位判处罚金，并对其直接负责的主管人员和其他直接责任人员判处刑罚。

犯罪主观方面，是指犯罪主体对自己行为及其危害结果所持的心理态度，主要指故意或过失。

33 刑事处罚与行政处罚、民事责任的关系如何？

行政处罚，是对于违反行政管理法律、法规的个人或单位，由国家行政机关作出的处罚。主要包括警告、罚款、没收非法所得、责令停产停业、暂扣或者吊销许可证、暂扣或者吊销执照、行政拘留等。民事责任，则是由于违反合同义务或侵害他人合法的民事权利和利益，而向受害人承担的责任，主要是赔偿经济损失和消除影响。同一个行为，可能同时触犯了刑法和行政管理的法律法规，也可能同时侵害了他人的民事权利和利益。不同的法律责任之间，不能相互替代。因此，违法行为构成犯罪，应当依法追究刑事责任，不得“以罚代刑”，即不得以行政处罚代替刑事处罚。同时，公民、法人或者其他组织因违法受到行政处罚，其违法行为同时对他人造成损害的，应当依法承担民事责任。

但是，刑罚、行政责任以及民事责任之间并不是绝对独立的。违法行为构成犯罪，人民法院判处拘役或者有期徒刑时，行政机关已经给予当事人行政拘留的，应当依法折抵相应刑期。违法行为构成犯罪，人民法院判处罚金时，行政机关已经给予当事人罚款的，应当折抵相应罚金。犯罪分子被处以没收财产的，在没收财产以前所负的正当债务，需要以没收的财产偿还的，经债权人请求，应当偿还。

34 什么是擅自设立金融机构罪？如何处罚？

擅自设立金融机构罪，是指未经法律规定的主管机关的批准，擅自设立商业银行或者证券交易所、期货交易所、证券公司、期货经纪公司、保险公司或其他金融机构的行为。

《刑法》第174条规定：犯本罪的，处3年以下有期徒刑或者拘役，并处或者单处2万元以上20万元以下罚金；情节严重的，处3年以上10年以下有期徒刑，并处5万元以上50万元以下罚金。

单位犯本罪的，对单位判处罚金，并对其直接负责的主管人员和其他直接责任人员，依照上述规定处罚。

35 什么是伪造、变造、转让金融机构经营许可证罪？如何处罚？

伪造、变造、转让金融机构经营许可证罪，是指违反国家金融管理法规，伪造、变造、转让商业银行、证券交易所、期货交易所、证券公司、期货经纪公司、保险公司或者其他金融机构经营许可证的行为。

《刑法》第174条规定：犯本罪的，处3年以下有期徒刑或者拘役，并处或者单处2万元以上20万元以下罚金；情节严重的，处3年以上10年以下有期徒刑，并处5万元以上50万元以下罚金。

单位犯本罪的，对单位判处罚金，并对其直接负责的主管人员和其他直接责任人员，依照上述规定处罚。

什么是内幕交易、泄露内幕信息罪？如何处罚？

内幕交易、泄露内幕信息罪，是指证券、期货交易内幕信息的知情人员或者非法获取证券、期货交易内幕信息的人员或者单位，在涉及证券的发行，证券、期货交易或者其他对证券、期货交易价格有重大影响的信息尚未公开前，买入或者卖出该证券或者从事与该内幕信息有关的期货交易，或者泄露该信息，情节严重的行为。

《刑法》第180条规定：犯本罪的，处5年以下有期徒刑或者拘役，并处或者单处违法所得1倍以上5倍以下罚金；情节特别严重的，处5年以上10年以下有期徒刑，并处违法所得1倍以上5倍以下罚金。

单位犯本罪的，对单位判处罚金，并对其直接负责的主管人员和其他直接责任人员，处5年以下有期徒刑或者拘役。

什么是编造并传播证券、期货交易虚假信息罪？如何处罚？

编造并传播证券、期货交易虚假信息罪，是指编造并且传播影响证券、期货交易的虚假信息，扰乱证券、期货交易市场，造成严重后果的行为。

所谓“影响证券、期货交易的虚假信息”，是指能够对证券、期货交易的价格与交易量等产生影响的、没有丝毫事实根据的、凭空杜撰的信息。行为人必须具有编造并且传播影响证券、期货交易的虚假信息的行为，扰乱了证券、期货交易市场，造成严重后果，才构成犯罪。

《刑法》第181条规定：犯本罪的，处5年以下有期徒刑或者拘役，并处或者

单处1万元以上10万元以下罚金。

单位犯本罪的，对单位判处罚金，并对直接负责的主管人员和其他直接责任人员，处5年以下有期徒刑或者拘役。

38 什么是诱骗投资者买卖证券、期货合约罪？如何处罚？

诱骗投资者买卖证券、期货合约罪，是指证券交易所、期货交易所、证券公司、期货经纪公司的从业人员，证券业协会、期货业协会或者证券期货监督管理部门的工作人员，故意提供虚假信息或者伪造、变造、销毁交易记录，诱骗投资者买卖证券、期货合约，造成严重后果的行为。

《刑法》第181条规定：犯本罪的，处5年以下有期徒刑或者拘役，并处或者单处1万元以上10万元以下罚金；情节特别严重的，处5年以上10年以下有期徒刑，并处2万元以上20万元以下罚金。

单位犯本罪的，对单位判处罚金，并对其直接负责的主管人员和其他直接责任人员，处5年以下有期徒刑或者拘役。

39 什么是操纵证券、期货交易价格罪？如何处罚？

操纵证券交易价格罪，是指通过非法手段操纵证券、期货交易价格，获取不正当利益或者转嫁风险，情节严重的行为。具体表现为以下几种情况：

（1）单独或者合谋，集中资金优势、持股或者持仓优势或者利用信息优势联合或者连续买卖，操纵证券、期货交易价格的。

操纵期货价格，触犯刑律。

（2）与他人串通，以事先约定的时间、价格和方式相互进行证券、期货交易，或者相互买卖并不持有的证券，影响证券、期货交易价格或者证券、期货交易量的。

（3）以自己为交易对象，进行不转移证券所有权的自买自卖，或者以自己为交易对象，自买自卖期货合约，影响证券、期货交易价格或者证券、期货交易量的。

（4）以其他方法操纵证券、期货交易价格的。

《刑法》第182条规定：犯本罪的，处5年以下有期徒刑或者拘役，并处或者单处违法所得1倍以上5倍以下罚金。

单位犯本罪的，对单位判处罚金，并对其直接负责的主管人员和其他直接责任人员，处5年以下有期徒刑或者拘役。

40 什么是非法经营罪？如何处罚？

非法经营罪，是指违反国家规定，进行非法经营，扰乱市场秩序，情节严重的行为。主要包括以下四种：

（1）未经许可经营法律、行政法规规定的专营、专卖物品或者其他限制买卖的物品的行为。

（2）买卖进出口许可证、进出口原产地证明以及其他法律、行政法规规定的经营许可证或者批准文件的行为。

（3）未经国家有关主管部门批准，非法经营证券、期货或者保险业务的。

（4）其他严重扰乱市场秩序的非法经营行为。如在国家规定的交易场所以外非法买卖外汇，进行证券交易等等。

《刑法》第225条规定：犯本罪的，处5年以下有期徒刑或者拘役，并处或者单处违法所得1倍以上5倍以下罚金；情节特别严重的，处5年以上有期徒刑，并

处违法所得的1倍以上5倍以下罚金或者没收财产。

《刑法》第231条规定：单位犯本罪的，对单位判处罚金，并对其直接负责的主管人员和其他直接责任人员，依照上述规定处罚。

41 什么是挪用资金罪？如何处罚？

挪用资金罪，是指公司、企业或者其他单位的人员，利用职务上的便利，挪用本单位资金归个人使用或者借贷给他人，数额较大、超过3个月未还，或者虽未超过3个月，但数额较大、进行营利活动的，或者进行非法活动的行为。

挪用资金罪与挪用公款罪不同。挪用公款罪是指国家工作人员包括国家机关中从事公务的人员，国有公司、企业事业单位、人民团体中从事公务的人员，国家机关、国有公司、企业事业单位委派到非国有公司、企业、事业单位、社会团体从事公务的人员，以及其他依照法律从事公务的人员，利用职务上的便利，挪用公款归个人使用，进行非法活动的，或者挪用公款数额较大、进行营利活动的，或者挪用公款数额较大、超过3个月未还的行为。

犯挪用资金罪的，处3年以下有期徒刑或者拘役；挪用本单位资金数额巨大的，或者数额较大不退还的，处3年以上10年以下有期徒刑。

42 什么是集资诈骗罪？如何处罚？

集资诈骗罪，是指以非法占有为目的，使用诈骗方法非法集资，数额较大的行为。所谓“诈骗方法”，是指编造事实或者隐瞒真相的方法。在实际案件中，行为

人所使用的诈骗方法是多种多样的，如以引资合作经营为名或以共同投资为名，进行非法集资，骗取他人钱财；以高利率为诱饵吸引公众投资，将非法募集的资金据为己有等等。所谓“非法集资”，是指行为人违反国家规定，未经批准，通过任何渠道或以任何手段向社会公众募集资金的行为。集资诈骗行为，数额较大的，才构成犯罪，否则不构成犯罪。

《刑法》第 192 条、第 199 条规定：犯本罪的，处 5 年以下有期徒刑或者拘役，并处 2 万元以上 20 万元以下罚金；数额巨大或者有其他严重情节的，处 5 年以上 10 年以下有期徒刑，并处 5 万元以上 50 万元以下罚金；数额特别巨大或者有其他特别严重情节的，处 10 年以上有期徒刑或者无期徒刑，并处 5 万元以上 10 万元以下罚金或者没收财产；数额特别巨大并且给国家和人民利益造成特别重大损失的，处无期徒刑或者死刑，并处没收财产。

《刑法》第 200 条规定：单位犯本罪的，对单位判处罚金，并对其直接负责的主管人员和其他直接责任人员，处 5 年以下有期徒刑或者拘役；数额巨大或者有其他严重情节的，处 5 年以上 10 年以下有期徒刑，数额特别巨大或者有其他特别严重情节的，处 10 年以上有期徒刑或者无期徒刑。

什么是票据诈骗罪？如何处罚？

票据诈骗罪，是指进行金融票据诈骗活动，数额较大的行为。具体表现为以下几种形式：

（1）明知是伪造、变造的汇票、本票、支票而使用的。

（2）明知是作废的汇票、本票、支票而使用的。

（3）冒用他人的汇票、本票、支票的。

(4) 签发空头支票或者与其预留印鉴不符的支票，骗取财物的。

(5) 汇票、本票的出票人签发无资金保证的汇票、本票或者在出票时作虚假记载，骗取财物的。

《刑法》第194条规定：犯本罪的，处5年以下有期徒刑或者拘役，并处2万元以上20万元以下罚金；数额巨大或者有其他严重情节的，处5年以上10年以下有期徒刑，并处5万元以上50万元以下罚金；数额特别巨大或者有其他特别严重情节的，处10年以上有期徒刑或者无期徒刑，并处5万元以上50万元以下罚金或者没收财产。

《刑法》第199条规定：犯本罪的，数额特别巨大并且给国家和人民利益造成特别重大损失的，处无期徒刑或者死刑，并处没收财产。

《刑法》第200条规定：单位犯本罪的，对单位判处罚金，并对直接负责的主管人员和其他直接责任人员，处5年以下有期徒刑或者拘役，数额较大或者有其他严重情节的，处5年以上10年以下有期徒刑，数额特别巨大或者有其他特别严重情节的，处10年以上有期徒刑或者无期徒刑。

行政法规及规章篇

44 《期货交易管理暂行条例》出台的背景是什么?

我国期货市场自1990年开始试点以来，曾一度出现过盲目发展的势头。1993年11月，国务院发布了《关于坚决制止期货市场盲目发展的通知》（国发［1993］77号），按照“规范起步，加强立法，一切经过试验和严格控制”的原则，开始加强对期货市场的整顿和规范。1995年，中国证监会、原国家体改委和国务院法制局草拟了《期货交易管理条例》，提请国务院审议。由于当时我国期货市场正处于清理整顿阶段，有些问题一时还难以确定，条例未能出台。为了切实加强对期货市场的监管，防范和化解风险，保证期货市场试点工作的顺利进行，1998年全国金融工作会议和《国务院关于进一步整顿和规范期货市场的通知》（国发［1998］27号），确定了“继续试点，加强监管，依法规范，防范风险”的原则，并明确要求“要抓紧起草期货交易管理条例，提交国务院审议”。按照国务院的部署，国务院法制办、证监会在总结期货市场试点工作正反两方面经验的基础上，根据国务院确定的原则、政策和措施，形成了条例草案。1999年6月2日，国务院267号令发布了《期货交易管理暂行条例》，并于同年9月1日起施行。《条例》是迄今为止我国系统地规范期货市场的效力层次最高的法律文件。《条例》强化了对期货市场实行集

中统一的管理模式，明确了中国证监会对期货市场实行集中统一监管的地位。但由于《条例》是期货市场清理整顿的产物，约束性条款较多，行政干预色彩较为浓厚。

45 《期货交易管理暂行条例》确立的期货市场的“三公原则”是什么?

“三公原则”即公开、公平、公正原则。这是期货交易活动所必须遵守的基本原则之一。只有坚持在“三公原则”的条件下，期货市场才能实现其基本的经济功能。

公开，主要是指信息公开，其核心要求是市场信息的公开化，市场具有充分的透明度，同时要求信息披露应当及时、完整、真实和准确。

公平，主要是期货交易活动的所有参与者都有平等的法律地位，各自的合法权益能够得到平等的保护，而且机会均等、平等竞争。

公正，主要是针对期货市场监督管理机构的监管行为而言的，即监管部门应当对被监管对象给以公正的待遇，不能对个别关系人或者单位给予特别的照顾，应当依法行政，公正处理，一视同仁。期货交易所在履行一线监管职责时，也应当贯彻公正原则。因此，公正原则是实现公开、公平原则的保障。

条例体现了“三公原则”。例如：①期货交易必须在期货交易所内进行，禁止不通过期货交易所的场外期货交易；②期货交易所工作人员实行回避制度，不得进行内幕交易；③期货交易实行集中竞价，按照价格优先、时间优先的撮合成交原则进行；④期货交易所应当及时公布市场行情，不得公布价格预测信息等。

46 《期货交易管理暂行条例》为什么强调要保护投资者的合法利益？

投资者是期货市场的基础，没有投资者的参与，也就没有期货市场存在的必要性。如果法律对投资者保护不力，打击了他们对期货市场的信心，挫伤他们参与期货交易的积极性，这样的期货市场必然会萎缩。并且，投资者在期货交易中处于相对弱者的地位，因为，投资者不直接控制其交易保证金，也不能直接处理其指令的撮合过程，在交易过程中，也易受到经纪机构的诱导。如果法律不对投资者权益加以特别的保护，则易发生侵犯投资者权益的行为。

条例中直接与保护投资者权益有关的制度主要有：

（1）期货经纪公司接受投资者委托为其进行期货交易，应当事先向投资者出示风险说明书，经投资者签字确认后，与投资者签订书面合同。

（2）禁止欺诈投资者行为，规定期货经纪公司不得向投资者作获利保证或者与投资者约定分享利益或者共担风险。

（3）期货经纪公司向投资者提供的期货市场行情应当真实、准确，不得隐瞒重要事项或者使用其他不正当手段诱骗投资者发出交易指令。

（4）实行“账户分立”制度，期货经纪公司收取的投资者保证金应当与自有资金分开、专户存放，严禁将投资者的保证金挪作他用。

（5）期货经纪公司应当为每一个投资者单独开立专门账户、设置交易编码，不得混码交易。

（6）期货交易所、期货经纪公司应当保证期货交易、结算、交割资料的完整和

安全，等等。

47 如何认识期货市场的集中统一监管？

1998年8月1日，国务院发布《关于进一步整顿和规范期货市场的通知》（国发［1998］27号），要求中国证监会进一步加强监督与管理，加大执法力度，同时，发布《国务院批转证监会证券监管机构体制改革方案的通知》（国发［1998］29号），建立了中国证监会对证券期货市场集中监管的体制。条例以行政法规的形式巩固了改革的成果，规定中国证监会对期货市场实行集中统一的监督管理，并详细规定了中国证监会履行监管职责的必要权力和手段，加大了执法力度。随着监管体制改革的顺利完成和条例的出台，中国证监会成为全国期货市场的主管机关，按照国务院授权履行行政管理职能，依照条例和其他有关法律、法规和政策，对全国期货业进行集中统一的监管，形成了全国统一、高效的期货监管体系。

48 行业协会自律管理主要体现在哪些方面？

期货行业协会是依法成立的期货行业自律性组织，其会员由期货行业的从业机构和个人组成，是保障期货投资者利益、协调行业内机构利益的重要工具，是联系期货经营机构和政府的重要桥梁和纽带，是政府对期货市场进行宏观调控管理的得力助手，是期货监督管理体系的重要组成部分。期货行业协会从保护行业内部公平竞争、促进行业整体的健康发展以及维护行业长远利益的目标出发，对全体会员及其市场交易行为实施自律管理。

一般来说，期货行业协会的职责主要有：强化从业人员职业道德意识，规范会员的交易行为，保护投资者的合法权益，审查从业人员的从业资格，调解涉及期货交易的纠纷，培训并考核期货从业人员，同时向公众普及期货知识等。

中国期货业协会（以下简称协会）成立于 2000 年 12 月 29 日。协会是根据《社会团体登记管理条例》设立的全国期货行业自律性组织，为非营利性的社会团体法人。协会接受中国证监会和国家社会团体登记管理机关的业务指导和管理。其宗旨是：贯彻执行国家法律法规和国家有关期货市场的方针政策，发挥政府与行业之间的桥梁和纽带作用，实行行业自律管理，维护会员的合法权益，维护期货市场的公开、公平、公正原则，开展对期货从业人员的职业道德教育、专业技术培训和严格管理，促进中国期货市场规范、健康、稳定发展。协会由以期货经纪机构为主的团体会员、期货交易所特别会员和在期货行业从业的个人会员组成。协会自律性管理主要体现在：

（1）根据国家有关期货业监管的法律法规和规章，制定行业行为准则、职业道德规范和自律性管理规则并监督执行，教育和督促会员贯彻执行国家期货法律、法规和协会制定的准则、规范和规则等。

（2）依法维护会员的合法权益，经常性地收集会员的意见和建议，向中国证监会及国家有关部门反映，为会员开展业务提供积极的帮助。

（3）调解会员之间、会员与投资者之间发生的有关期货业务的纠纷，受理对会员违法违规问题的举报。

（4）负责组织对期货从业人员的业务培训、资格考试、资格证书的发放，以及对期货从业人员的年检工作。提高期货从业人员的业务技能和职业道德水平。

（5）积极开展调查研究和期货理论研究，组织会员开展经营管理和业务经验交流，就期货市场发展中的情况和问题向立法机关和监管部门反映，提出意见、建

议。

（6）面向社会进行期货市场的宣传、普及工作，对广大投资者开展期货基础知识培训及风险教育，为期货业发展创造良好的环境。

（7）表彰奖励行业内有突出贡献和业绩的会员及从业人员；对违反协会章程及自律规则者，按照协会有关规定给予处分。

（8）收集、整理国内外期货市场信息，向会员提供咨询服务；编辑出版期货业务书籍、报刊；积极开展期货业的国际交流活动；会员大会决定的及中国证监会赋予的其他职责。

49 《期货交易管理暂行条例》对期货交易所的基本性质是如何规定的？

《期货交易管理暂行条例》第7条规定：“期货交易所不以营利为目的，按照其章程的规定实行自律管理。期货交易所以其全部财产对其债务承担责任。”这是对期货交易所基本性质的规定。首先，期货交易所是非营利性的经济组织，这是期货交易所的最重要的性质。期货交易所的宗旨就是为期货交易提供设施和服务，不能有其他营利性目的，不买卖期货合约。其日常开支，例如维护交易设施和员工工资等，主要靠收取交易手续费解决，费用结余也只能用于与交易和业务相关的开支，而不得进行利润分配。其次，期货交易所按照其章程的规定实行自律管理。目前的期货交易所实行会员制，由会员共同出资联合组建，每个会员享有同等的权利和义务，会员必须遵守交易所的章程和规则。最后，期货交易所是独立法人，以其全部自有资产对其法人债务承担责任，属于一种特殊法人形式。

50 《期货交易管理暂行条例》对期货结算制度是如何规定的?

《期货交易管理暂行条例》第40条规定:"期货交易的结算,由期货交易所统一组织进行。期货交易所实行每日结算制度。期货交易所应当在当日收市后及时将结算结果通知会员。期货经纪公司根据期货交易所的结算结果对投资者进行结算,并应当将结算结果及时通知投资者"。所谓期货交易的结算,是指期货交易所的结算机构根据交易所公布的结算价格对会员持有的头寸的盈亏状况进行资金清算的过程。

期货交易的结算,必须由期货交易所统一组织进行。我国的期货结算机构是在期货交易所内部设置的附属结算部门,期货结算全部集中在期货交易所统一进行,交易所在履约担保、控制和承担结算风险方面集中承担责任。期货交易所实行每日无负债结算制度,应当在当日收市后及时将结算结果通知会员。期货交易所的结算部门通过每日结算,计算出会员在当日交易中的盈亏,从而确定出每一位会员是否要追加保证金。期货经纪公司对投资者的交易结算也必须进行每日结算,就像期货交易所一样对委托公司代为交易的每一位投资者所持头寸进行每日结算,结算的具体程序和内容与期货交易所大体相同,只不过公司对投资者的结算要等到交易所对会员进行结算完毕之后。

51 如何认定非法期货交易或变相期货交易?

《期货交易管理暂行条例》第6条规定:"设立期货交易所,由中国证监会审

批。未经中国证监会批准，任何单位或者个人不得设立或者变相设立期货交易所。”

现货市场与期货市场具有本质的区别。我国的现货市场是以满足生产、流通为目的而进行商品货物交换的场所，其参与者一般是具有现货背景的机构。而期货市场是在现货市场基础上发展起来的，是涉及到社会公众信用和利益的金融市场。期货交易主要具有发现价格和套期保值的经济功能，是企业规避现货交易价格风险的工具，同时也是一种允许众多以赚取买卖差价利益为动机的投机者参与交易的投资工具。其参与者除了与所交易品种有关的现货企业外，还有大量的社会公众投资者。

任何具体的交易技术和手段都既可以为现货市场服务，也可以为期货市场服务。但如果现货市场完整地套用期货市场的交易方式，就会出现把商品现货市场也办成有社会公众参与的具有金融产品性质的市场。而这样的市场又没有明确的监管部门和监管法规，就可能会出现市场被操纵、投资者被欺诈等违背公正原则的情况，投资者的资金安全和投资利益无法得到有效的保护。

现货市场和期货市场具有不同的功能和监管要求，现货市场的创新不能脱离现货市场的本质和功能。无论具体交易方式如何，只要现货交易演变成一种公众投资者可以广泛参与的金融投资工具，而又缺乏相应的监管，就势必导致市场秩序的混乱，蕴含巨大的市场风险，甚至被别有用心的人用来进行金融诈骗。正是基于以上考虑，《期货交易管理暂行条例》明令禁止变相期货交易。

目前我国有哪几个期货交易所？在这些交易所上市的交易品种有哪些？

1998 年，在中国期货市场再次进行规范整顿之后，国内期货交易所由原来的

15 家减少为 3 家，即目前的上海期货交易所、郑州商品交易所和大连商品交易所。截至 2004 年 12 月，在上海期货交易所上市的期货品种有铜、铝、灿米、胶合板、天然橡胶、燃料油；郑州商品交易所上市的期货品种有小麦、棉花、绿豆、红小豆、花生仁；大连商品交易所上市的期货品种有大豆、玉米、豆粕、啤酒大麦等。目前，实际交易的有铜、铝、燃料油、天然橡胶、棉花、小麦、大豆（一号、二号）、豆粕等品种。

53 设立期货经纪公司应具备哪些条件？

依据条例的规定，设立期货经纪公司，应当符合公司法的规定，并应当具备下列条件：

（1）注册资本最低限额为人民币 3000 万元。

（2）主要管理人员和业务人员必须具有期货从业资格。

（3）有固定的经营场所和合格的交易设施。

（4）有健全的管理制度。

（5）中国证监会规定的其他条件。

依据《期货经纪公司管理办法》，设立期货经纪公司，必须经中国证监会批准，取得中国证监会颁发的期货经纪业务许可证，并在国家工商行政管理总局登记注册。未经中国证监会批准，任何单位或者个人不得从事期货经纪业务，不得在其名称中使用“期货经纪”、“期货代理”或者其他类似字样。设立期货经纪公司，除应当符合《期货交易管理暂行条例》规定的条件外，还应当符合以下要求：

（1）有具备任职资格的高级管理人员。

（2）有符合现代企业制度的法人治理结构。

（3）中国证监会规定的其他条件。

根据中国证监会2004年7月发布的《关于期货经纪公司设立、解散、合并有关问题的通知》（证监期货字［2004］46号）的规定，以及相应的行政许可公示材料的要求，设立期货经纪公司的条件为：

（1）注册资本不低于人民币3000万元，且必须为实缴货币资本。

（2）主要管理人员和业务人员必须具有期货从业资格。

（3）有固定的经营场所和合格的交易设施。

（4）有健全的管理制度。

（5）有具备任职资格的高级管理人员。

（6）有符合现代企业制度的法人治理结构。

（7）全体拟出资人应当符合以下条件：具有中国公司法人资格，且法律、行政法规未禁止其向期货经纪公司出资；没有未决诉讼，或者未决诉讼标的金额低于其净资产的30%；最近两年内没有重大违法违规行为；没有逃废债务的行为；没有到期未清偿的债务；法定代表人、总经理和自然人控股股东不存在《公司法》第57条规定的情形；期货经纪公司之间、期货经纪公司与其出资人之间不得相互交叉持股；最近5年内不存在未经许可私自受让或者参股期货经纪公司的行为。拟出资持有公司10%以上股权或者拥有实际控制权的，还应当符合以下条件：注册资本、净资产的最低限额均为人民币1000万元；连续经营两年以上并且最近两年连续盈利；注册资本、净资产均达到人民币5000万元以上的，对盈利不作要求，但应连续经营一年以上；若拟出资人及其重要关联方为非银行金融机构或者上市公司等涉及社会公众利益的公司的，还应符合中国证监会的相关规定。

（8）有利于期货市场的合理布局和规范发展。

54 期货经纪公司设立营业部应具备哪些条件？

《期货经纪公司管理办法》第七条规定，期货经纪公司根据业务需要可以申请设立营业部、分公司以及中国证监会许可的其他分支机构。期货经纪公司根据业务需要可以设立营业部，作为其分支机构。设立营业部应当符合中国证监会规定的条件，经中国证监会批准，取得中国证监会颁发的经营许可证，并在国家工商行政管理机关登记注册。营业部在期货经纪公司授权范围内依法开展业务，其民事责任由期货经纪公司承担。

期货经纪公司申请设立营业部，应当具备下列条件：

（1）申请人前一年度没有重大违法违规记录。

（2）拟设营业部的负责人及从业人员具备任职资格。

（3）期货经纪公司对拟设营业部有完备的管理制度。

（4）拟设营业部有符合经纪业务需要的经营场所和设施。

（5）中国证监会根据审慎监管原则要求的其他条件。

根据中国证监会2004年7月发布的《关于期货经纪公司营业部设立、变更、终止有关问题的通知》（证监期货字［2004］41号）的规定，以及有关行政许可项目公示材料的要求，申请设立期货公司营业部的条件有以下几项：

（1）公司注册资本为人民币3000万元的，最多可以设立5家营业部。公司注册资本每增加人民币1000万元，可增设一家营业部。

（2）公司应当符合中国证监会以净资本为核心的监管规则的有关规定。

（3）上半年提出申请的，公司上年度经审计的净资产不低于注册资本的80%、自有货币资金不低于注册资本的60%，注册资本超过5000万元的，自有货币资金

不低于3000万元；下半年提出申请的，公司当年度上半年经审计的净资产不低于注册资本的80%、自有货币资金不低于注册资本的60%，注册资本超过5000万元的，自有货币资金不低于3000万元。

（4）公司法人治理结构和内部控制制度符合中国证监会的有关规定。

（5）公司已建立期货保证金封闭管理制度，符合中国证监会关于期货保证金封闭管理的有关规定。

（6）公司在最近一年内没有重大违法违规记录，不存在因涉嫌违法违规正在被中国证监会或者其派出机构调查或者因违法违规被责令整改尚未验收合格的情形。

（7）公司经营正常，不存在停业整顿、特别处理或者因不符合持续性经营标准被责令整改尚未验收合格的情形。

（8）公司经批准已开业的营业部守法合规经营。

（9）公司不得同时筹建两家或者两家以上的营业部。

（10）公司的住所与营业部的经营场所不得在同一城市内，公司不同营业部的经营场所不得在同一城市内。

（11）公司对拟设营业部有符合中国证监会要求的完备的管理制度。

（12）拟设营业部的负责人及从业人员具备任职资格；拟设营业部至少具有出纳、交易、结算、计算机管理岗位，公司的出市代表不得兼职前述岗位，前述岗位的人员不得相互兼职。

（13）拟设营业部有符合期货经纪业务需要的经营场所和设施。

55 期货经纪公司的业务范围有哪些？

现阶段我国期货经纪公司确实存在业务范围单一、业务创新能力缺乏的问题。

参照国际惯例，允许期货公司开展自营、代客理财等业务，有利于引导期货公司进行股东重组、资产重组，提高期货经纪公司的服务水平和竞争力。为了给发展留下空间，新修订的《期货经纪公司管理办法》没有规定期货经纪公司仅限于期货经纪业务，而是规定期货经纪公司“可以从事经纪、咨询、培训及证监会规定的其他业务”，为下一步的期货公司扩大营业范围创造了条件。

56 如何理解期货经纪合同的法律性质？

《期货交易管理暂行条例》第 24 条规定：“期货经纪公司接受投资者委托，以自己的名义为投资者进行期货交易，交易结果由投资者承担。”由此可见，期货经纪公司的法律地位是《合同法》规定的行纪合同中的行纪人。因此，有人将期货经纪称为代理的提法是不准确的。实际上，在期货交易中，期货经纪公司是接受投资者委托，以自己的名义为投资者进行期货交易并收取佣金，交易结果由投资者承担。这一法律关系不同于我国民法通则中规定的代理，因为在代理关系中，代理人必须以被代理人的名义从事民事活动，而期货经纪公司只能以自己的名义而不能以委托人的名义从事期货交易。1999 年颁布的《中华人民共和国合同法》专设“行纪合同”一章，对行纪合同作出规定。《合同法》第 114 条规定：“行纪合同是行纪人以自己的名义为委托人从事贸易活动，委托人支付报酬的合同。”因此，根据《合同法》的规定，期货经纪的法律性质不是代理关系，而属于行纪关系。

《期货交易管理暂行条例》第 29 条第 1 款规定：“期货经纪公司接受投资者委托为其进行期货交易，应当事先向投资者出示风险说明书，经投资者签字确认后，与投资者签书面合同。”在期货交易缔约阶段，期货经纪公司除向投资者出示风险书并经投资者签字确认外，还必须与投资者签订书面合同，以明确双方的权利与义

务。这个书面合同就是期货经纪合同。签订合同是各国期货交易法律法规的通行做法。期货经纪合同的法律性质属于行纪合同。

行纪合同的行纪人可以为了委托人的利益而主动作出某些民事法律行为，与目前我国期货经纪行为的规范略有不同。例如，根据《合同法》的规定，行纪人有介入权，即可以为委托人的利益，成为委托人的交易对手。但我国的期货法规禁止私下对冲和对赌，行纪人的个别传统权利受到限制，这是国家根据目前的市场状况对行纪权作出的限制。从根本上看，根据《合同法》有关行纪合同的规定，期货经纪合同属于行纪合同。

57 投资者如何办理开户手续？办理开户手续应当注意哪些事项？

投资者决定在一个期货公司或其营业部开户时，一般要事先做好以下工作，以确保期货公司、营业部及其从业人员具有法定资格：投资者可以要求对方出示公司或营业部的工商营业执照和期货业务许可证，认真查看该执照的核发机关是否为国家工商行政管理机关、其注册资金是否在3000万元人民币以上，是否拥有中国证监会颁发的《期货经纪业务许可证》，并仔细查看验证上述两证是否经过年检合格。投资者应实地考察期货公司是否有固定的经营场所，是否具备进行期货交易必须具备的通讯设施及信息设备。投资者可以要求公司提供开户所需的一系列文件，包括《期货交易风险说明书》、《开户申请书》、《法人授权委托书》、《期货经纪合同》等。为了防止被不法经营者蒙骗，投资者要对期货公司的交易流程进行仔细的观察。正规的期货公司的交易过程可以在其营业场所清楚地看到，要注意其是否设置专门的下单员、每一项指令是否进行电话录音或以约定形式留下记录、成交回报是否规范与及时。另外，对于期货公司的工作人员，除了多次接触，了解其为人、业务能力

□ 开户注意事项

□ 合法经纪有保障，许可执照须齐全

□ 天上从不掉馅饼，收益背后是风险

□ 权利义务要明了，授权签字须谨慎

和品行外，还应了解其是否具有期货从业人员资格（可以通过中国期货业协会网站查询）。需要提醒广大投资者的是，千万别只看某些机构的办公场所装修豪华、设施完备，根本的要看其是否具有期货经纪业务许可证、是否取得国家工商局颁发的企业营业执照、是否有过不良记录等。

投资者在开户时，要认真阅读《期货交易风险说明书》，在充分认识期货风险、认真审读各项条款的基础上，与期货公司签订《期货经纪合同》，并向期货公司提供资金调拨人员和指令下达人员的身份证复印件与开户申请表，同时签字留样。需要注意的是，个人投资者开立账户，必须提供真实身份证明，并以真实身份开立账户。需要强调的是，投资者与期货经纪公司签订的委托交易协议书即《期货经纪合同》，明确规定期货经纪公司与投资者之间的权利和义务，投资者应详细阅读协议书，可以在与公司充分协商下，根据自己的情况，与期货经纪公司作一些特殊并且合法合规的约定。

如果是法人或机构，需要和期货公司签署下列文件并提供有关材料。一是开户申请表；二是《期货交易风险说明书》；三是《期货经纪合同》；四是向期货公司提供有效的营业执照复印件，并提供资金调拨人员与指令下达人员的身份证复印件和签字留样、法人授权书等。对于国有企业参与期货交易的，应按照国家有关规定办理：一是国有企业的主管及相关部门主要是国有资产管理部门的具体规定，二是期货交易所对国有企业从事套期保值业务的具体规定。

58 投资者可以选择哪些期货交易方式?

投资者可以通过书面、电话、计算机、网上委托等方式下达交易指令。以书面方式下达交易指令的，投资者应当填写书面交易指令单；以电话方式下达交易指令

的，期货经纪公司必须同步录音；以计算机、网上委托以及其他方式下达交易指令的，期货经纪公司应当保存能够证明交易指令内容的记录。网上委托指期货经纪公司通过互联网，向投资者提供的用于下达期货交易指令的委托方式。期货经纪公司为投资者提供网上委托服务的，应当建立网上交易风险管理制度，并对投资者进行网上交易风险的特别提示。

59 对于投资者选择指令下达人有哪些规定？

投资者可以通过委托他人代理其下达指令，进行期货交易。委托期货经纪公司从业人员以外的人员作为指定下单人，是基于信任关系建立的一般民事代理关系，只要符合代理一般要件即可。而委托期货经纪公司或其从业人员作为指定下单人则构成全权委托，而全权委托是违反条例有关规定的，是无效的。

60 如何理解期货交易结算结果的通知义务？

在每一个交易日交易结束后，期货公司要对每一投资者的盈亏、交易手续费、交易保证金等款项进行结算。期货公司在每日结算后向投资者发出交易结算单。交易结算单一般载明下列事项：账号及户名、成交日期、成交品种、合约月份、成交数量及价格、买入或者卖出、开仓或者平仓、当日结算价、保证金占用额和保证金余额、交易手续费及其他费用、税款等需要载明的事项。

期货公司必须按期货经纪合同约定的方式及时向投资者通知及确认交易结果，这既是经纪公司的一项基本服务也是经纪公司的一项法定义务。由于投资者才是交

易指令的下达人，是交易内容的决定者，及时得知交易结果直接影响到其对市场的判断以及对下一步交易内容的决策。由于期货市场是高风险的市场，稍有疏忽，可能酿成巨大的市场风险。因此，期货公司作为行纪人，必须认真履行通知义务，尽到谨慎职责。同时，及时通知投资者并确认交易结算结果，对期货市场的正常秩序也有较大影响。在规章及期货经纪合同中都要求投资者如果对交易结算结果有异议，必须在第二天开市前以书面或约定形式提出，否则视为投资者认可交易结果。这种约定符合期货行业的基本规则，是合理的。但如果经纪公司未按期货经纪合同的约定向投资者提供交易结算结果，致使投资者没有接到经纪公司的成交通知以及结算账单，投资者的异议权也无从行使，造成经纪公司承担风险的不确定性。

《期货司法解释》还规定，期货交易所未按交易规则规定的期限、方式，将交易或者持仓头寸的结算结果通知期货公司，造成期货公司损失的，由期货交易所承担赔偿责任。期货公司未按期货经纪合同约定的期限、方式，将交易或者持仓头寸的结算结果通知客户，造成客户损失的，由期货公司承担赔偿责任。期货公司与客户对交易结算结果的通知方式未作约定或者约定不明确，期货公司未能提供证据证明已经发出上述通知的，对客户因继续持仓而造成扩大的损失，应当承担主要赔偿责任，赔偿额不超过损失的80%。

客户对当日交易结算结果的确认，应当视为对该日之前所有持仓和交易结算结果的确认，所产生的交易后果由客户自行承担。期货公司对交易结算结果提出异议，期货交易所未及时采取措施导致损失扩大的，对造成期货公司扩大的损失应当承担赔偿责任。客户对交易结算结果提出异议，期货公司未及时采取措施导致损失扩大的，期货公司对造成客户扩大的损失应当承担赔偿责任。期货公司对期货交易所或者客户对期货公司的交易结算结果有异议，而未在期货交易所交易规则规定或者期货经纪合同约定的时间内提出的，视为期货公司或者客户对交易结算结果已予

以确认。

关于交易结算报告的通知方式，应当尊重当事人约定。作为期货公司和投资者都应事先就此问题达成一致意见，以免将来发生争议。对于当事人之间就通知方式形成明确约定的做法，在法律上也是支持的。期货公司向投资者已发出交易结算结果，投资者否认收到上述结算结果的，如果双方对通知方式有约定的按照约定处理。如果当事人之间未作约定，或者约定不明确，期货公司又未能提供证据证明已发出交易结算结果报告的，对造成投资者继续持仓扩大的损失，期货公司应当承担主要责任。投资者对自己的账户应尽关心之责，因未尽到关心之责，也有一定过错，应承担次要责任，即也要对损失承担一定的责任。

61 如何理解强行平仓?

《期货交易管理暂行条例》第 41 条规定：“期货交易所会员的保证金不足时，该会员必须追加保证金。会员未在期货交易所统一规定的时间内追加保证金的，期货交易所应当将该会员的期货合约强行平仓，强行平仓的有关费用和发生的损失由该会员承担。期货经纪公司在投资者保证金不足而投资者又未能在期货经纪公司统一规定的时间内及时追加时，应当将该投资者的期货合约强行平仓，强行平仓的有关费用和发生的损失由该投资者承担。”

保证金制度是保障市场财务健全的基础。所有的买方和卖方均须交存保证金方能进人期货市场。保证金是一项履约担保金，有助于防止违约并确保合约的完整性。所有会员的账户均在交易日结束时依结算价逐日结算。根据账户内持仓合约数量及期货合约的结算价，交易所将计算该会员应缴纳的保证金。如果保证金低于规定的水平，该会员将收到交易所的保证金追缴通知书，要求在规定时间内补足账户

□减负

保证金不足又未能及时追加，将被强行平仓！

内的保证金。否则，期货交易所应当将相当于不足保证金的部分的持仓予以平仓。投资者的保证金不足时，投资者也必须在规定的时间内追加保证金，否则，期货经纪公司应当将该投资者的期货合约强行平仓。期货经纪公司负责对投资者的交易盈亏进行每日结算，投资者的保证金也与期货交易所会员的保证金一样，每日都会有增减的变动。法规要求投资者由于交易亏损而出现保证金不足规定的比例时，必须追加保证金，否则，期货经纪公司应当将该投资者的期货合约强行平仓，强行平仓的有关费用和发生的损失由投资者承担。

在实务中，期货经纪公司可以在规定的保证金之上，与投资者约定一个保证金比例，例如合约规定保证金的收取比例为5%，而经纪公司与投资者约定保证金比例为8%，如果市场发生重大不利行情时，在8%下降到5%之间时，经纪公司对投资者持仓有权按约定采取强行平仓措施，而现有保证金下降到5%以下时，经纪公司必须按规定采取强行平仓措施。也就是说，强行平仓措施对于经纪公司在规定的比例之上时是权利，达到规定以下时则是义务，换句话讲，强行平仓的法律性质具有“权利转义务”的特征。

按照《期货司法解释》“强行平仓责任”的规定，期货公司的交易保证金不足，又未能按期货交易所规定的时间追加保证金的，按交易规则的规定处理；规定不明确的，期货交易所有权就其未平仓的期货合约强行平仓，强行平仓所造成的损失，由期货公司承担。客户的交易保证金不足，又未能按期货经纪合同约定的时间追加保证金的，按期货经纪合同的约定处理；约定不明确的，期货公司有权就其未平仓的期货合约强行平仓，强行平仓造成的损失，由客户承担。期货交易所因期货公司违规超仓或者其他违规行为而必须强行平仓的，强行平仓所造成的损失，由期货公司承担。期货公司因客户违规超仓或者其他违规行为而必须强行平仓的，强行平仓所造成的损失，由客户承担。期货公司或者客户交易保证金不足，符合强行平仓条

件后，应当自行平仓而未平仓造成的扩大损失，由期货公司或者客户自行承担。法律、行政法规另有规定或者当事人另有约定的除外。期货交易所或者期货公司强行平仓数额应当与期货公司或者客户需追加的保证金数额基本相当。因超量平仓引起的损失，由强行平仓者承担。期货交易所对期货公司、期货公司对客户未按期货交易所交易规则规定或者期货经纪合同约定的强行平仓条件、时间、方式进行强行平仓，造成期货公司或者客户损失的，期货交易所或者期货公司应当承担赔偿责任。期货交易所依法或依交易规则强行平仓发生的费用，由被平仓的期货公司承担；期货公司承担责任后有权向有过错的客户追偿。期货公司依法或依约定强行平仓所发生的费用，由客户承担。

62 《期货交易管理暂行条例》确立的风险管理原则是什么？

风险控制是期货市场永恒的话题。如果期货市场风险管理不当，就可能演变成巨大风险的源头，以至严重影响我国期货市场的正常运作。是否能够有效防范和控制市场风险，是关系到我国期货市场规范发展的重要问题。因此，《期货交易管理暂行条例》把风险控制作为一条立法宗旨和原则予以规定。根据条例，风险控制是期货交易所的一项职能，期货交易所必须建立、健全保证金制度、每日结算制度、涨跌停板制度、持仓限额和大户报告制度、风险准备金制度等风险管理制度。同时，要建立多级风险控制机制。期货经纪公司有管理投资者交易风险的权利和义务，直接负责管理投资者风险。期货交易所作为市场的组织者，必须严格执行保证金制度和每日无负债结算制度，并在会员违约时承担第一结算履约责任。同时，期货交易所有管理和控制交易所会员风险的义务和责任，当期货市场出现异常情况时，期货交易所应当采取风险处置措施。在极端情况下，中国证监会也可以决定采

取必要的风险处置措施。

63 什么是交易编码制度？

《期货交易管理暂行条例》第 36 条第 4 款规定："期货经纪公司应当为每一个投资者单独开立专门账户、设置交易编码，不得混码交易。"

在《条例》实施以前，部分交易所为了加强市场监控采取了交易编码制度。它最初于 1995 年起源于交易所的规章制度，主要在于加强对市场的监管。尽管其有增加交易环节、提高交易成本的不足，但仍然被我国期货立法所肯定。随着《期货交易管理暂行条例》的施行，交易编码制度在行政法规中固定下来，正式成为我国期货交易制度的一个重要组成部分。目前，我国三家期货交易所普遍实行交易编码制度。交易编码制度是指会员按照交易所制定的细则为投资者编制的进行期货交易的专用代码，是交易所计算机系统进行交易、结算、交割和标准仓单确认的依据。交易编码分非经纪公司会员交易编码和投资者交易编码。交易编码由会员号和投资者号两部分组成。以大连商品交易所为例，规定投资者交易编码由 12 位数字组成。前四位是会员号，后八位是投资者号，如投资者交易编码为 000200001640，则会员号为 0002，投资者号为 00001640。同时规定，一个投资者在交易所内只能有一个投资者号，但可以在不同的经纪会员开户，其交易编码只能是会员号不同，而投资者号必须相同。当然，具体的编码规则是可以根据交易制度和监管需要改变的。

混码交易是一种违法行为，如果经纪公司能够证明已经按照投资者交易指令入市交易，因投资者的交易盈亏结果与混码交易没有直接的因果关系，投资者应当承担相应的交易结果。反之，如果因为混码交易，经纪公司无法证明已经将投资者的交易指令入市，则可能会因此承担交易的损失。对此，《期货司法解释》第 30 条明

确规定，期货公司进行混码交易的，客户不承担责任，但期货公司能够举证证明其已按照客户交易指令入市交易的，客户应当承担相应的交易结果。

64 什么是账户分立制度?

根据条例的规定，期货经纪公司必须为投资者的保证金单独开设专用保证金资金账户，与期货经纪公司自有资金分开，即实行账户分立制度。实行投资者与期货经纪公司的账户分立制度，是投资者的资金属性所决定的，是针对投资者的保证金安全性所作的要求。期货投资者的保证金为投资者所有，只能用于期货合约交易等特定用途，没有投资者的授权，期货经纪公司不得擅自动用。银行的储蓄资金储户和银行之间建立的是一种资金借贷关系，银行可以将储蓄资金用于放款等用途，但期货交易保证金则不能擅自使用。

65 如何认识期货保证金的法律性质?

保证金是指在期货交易中，任何交易者必须按照其所买卖期货合约价值的一定比例（通常为5%～10%）缴纳资金，用于期货结算和保证履约。保证金分为结算准备金和交易保证金。结算准备金是指会员为了交易结算，在交易所专用结算账户中预先准备的资金，是未被合约占用的保证金。交易保证金是指会员在交易所专用结算账户中确保合约履行的资金，是已被合约占用的保证金。当买卖双方成交后，交易所按照持仓合约价值的一定比率向双方收取交易保证金。对于一般投资者来讲，必须通过期货经纪公司才能进行期货交易。因此，交易所并不直接向投资者收

取保证金。保证金的收取是分级进行的，即期货交易所向会员收取保证金和作为会员的期货经纪公司向投资者收取的保证金，分别成为会员保证金和投资者保证金。但在不允许期货经纪公司以自有资金自营的情况下，无论名义上区分为会员保证金还是投资者保证金，其资金所有权都是投资者所有。只是由于从行纪交易组织形式出发，相对于交易所而言，期货经纪公司会员所缴纳的投资者用于交易结算的资金为会员保证金。另外，投资者在期货经纪公司的入金，无论是作为交易或结算准备金使用，只要在保证金专用账户存放，都习惯上称为保证金。因此，在不允许自营的前提下，期货经纪公司在交易所或投资者在期货公司保证金账户中的资金，其所有权属于期货经纪公司或投资者，根本上都属于投资者。

根据《期货司法解释》第 59、60、61 条规定，期货交易所、期货公司为债务人时，人民法院不得冻结、划拨期货公司在期货交易所或者客户在期货公司保证金账户中的资金。有证据证明该保证金账户中有超出期货公司、客户权益资金的部分，期货交易所、期货公司在人民法院指定的合理期限内不能提出相反证据的，人民法院可以依法冻结、划拨该账户中属于期货交易所、期货公司的自有资金。期货公司为债务人的，人民法院不得冻结、划拨专用结算账户中未被期货合约占用的用于担保期货合约履行的最低限额的结算准备金；期货公司已经结清所有持仓并清偿客户资金的，人民法院可以对结算准备金依法予以冻结、划拨。期货公司有其他财产的，人民法院应当依法先行冻结、查封、执行期货公司的其他财产。客户、自营会员为债务人的，人民法院可以对其保证金、持仓依法采取保全和执行措施。

66 如何理解期货经纪公司的交易结算资料的保存义务？

期货交易的有关资料的安全保存，对于能否为将来可能发生的期货交易纠纷提

供依据具有重要的意义。因此，世界各国的期货交易法律法规一般都要求期货交易的有关资料必须安全保存，并明确规定必须保存的资料种类及保存的期限。比如在美国，期货交易法规定期货交易所有保存记录的法定义务，需要安全保存的记录包括所有清楚登载其理事会、委员会或者其他从属机构活动的记录，还包括所有与期货交易有关的记录，保存期限为5年，应当随时可供商品期货交易委员会（CFTC）法务部以及检查署的检查，其目的是为了检查期货交易所是否尽到组织管理和风险控制等职责，并且为随时稽查纠纷提供方便。期货经纪机构还应当完整保存买卖记录、有关投资者账户的细目、交易部位记录以及其他应当保存的文件和账簿（如投资者委托合同、开户记录、交易记录、投资者交纳的有价证券及其他财产记录、每月对账单、每日确认成交单、每月报表、交易流程记录等），各种记录必须符合CFTC规定格式和保存期限的要求。我国《期货交易管理暂行条例》第45条也规定："期货交易所、期货经纪公司应当保证期货交易、结算、交割资料的完整和安全。"

67 为什么要强调期货经纪公司的风险揭示义务?

期货市场是高收益、高风险的经济领域。投资者仅是受到期货市场的高收益的吸引而投资于期货市场，忽视期货市场高风险的一面以及自己的风险承受能力，是不利于维护投资者利益和市场信心的。从期货经纪公司来讲，往往出于自己的利益考虑，例如为了吸揽投资者、增加收入，可能会过多宣传入市的好处，也忽略了主动提醒投资者不要轻易入市。因此，在立法上有必要规定对期货投资者入市前必须进行期货交易风险揭示，以保护投资者的切身利益。

世界各国一般都在期货交易法律法规中明确规定：期货经纪机构对可能委托自

己代为参与期货交易的人必须首先提示期货市场的高风险，这已成为各国期货交易法律法规保护期货投资者利益的一个非常重要的预防措施。例如，美国相关法律规定，期货经纪机构在接受投资者委托前必须向其说明期货市场的风险，并且要强调期货交易有高风险，否则即违反 CFTC 规则，并被视为美国期货交易法第 4 条所规定的欺诈行为，将受到严肃处理。我国的《条例》也对此作了明确规定。

因此，在订立期货经纪合同时，期货公司未提请投资者注意《期货交易风险说明书》内容，并由投资者签字或盖章，明确已阅读并清楚理解期货交易的风险，由此造成投资者损失的，应当承担相应的责任。

我国由于期货市场建立时间较短，投资者风险防范意识较差，部分期货经纪机构以单纯盈利为目的，有意无意忽视对投资者的风险提示，在市场试点阶段确实引发了部分问题。为此，监管部门在立法上对经纪公司的风险揭示义务进行了强制规定，要求经纪公司在投资者开户前，必须向其出示并由投资者签署《期货交易风险说明书》。其内容包括：如投资者没有于规定时间内存入所需保证金，投资者持有的未平仓合约将可能在亏损的情况下被迫平仓，投资者必须承担由此导致的一切损失；如在市场达到涨跌停板时，投资者可能会难以或无法将持有的未平仓合约平仓，在这种情况下，投资者的所有保证金有可能无法弥补全部损失，投资者必须承担由此造成的全部损失等等。

《期货交易管理暂行条例》第 29 条第 1 款规定：“期货经纪公司接受投资者委托为其进行期货交易，应当事先向投资者出示风险说明书，经投资者签字确认后，与投资者签订书面合同。”《期货交易风险说明书》的格式和内容由中国证监会统一制定。各期货经纪公司必须根据该说明书的内容和格式印制《期货交易风险说明书》，并据此向投资者说明风险。

68 对期货经纪公司内控制度有哪些要求?

健全内部控制制度，是期货经纪公司监管的重要环节。内控制度是为了保证期货经纪公司业务的规范运作，实现其既定的工作目标，防范出现经营风险而设立的各种控制机制和一系列内部运作控制程序、措施和方法。期货市场中的一些不规范经营行为，如挪用投资者保证金等，与公司内控制度不健全有着密切的关系。公司的内控制度不健全，如果不予以重视并进行改善，将会严重制约期货经纪公司的发展。为了提高期货经纪公司的内部控制能力以及经营管理水平，清除管理中的薄弱环节，防范和化解期货经纪业的经营风险，中国证监会制定和颁布了《关于加强期货经纪公司内部控制的指导原则》，对期货经纪公司的内控制度建设作出了原则性的要求。这是期货经纪公司进行内控制度建设应当遵循的一个纲领性文件。为了使这个纲领性文件在实践中切实得到贯彻执行，中国证监会又组织制订了《期货经纪公司内控制度指南》，制定了包括公司决策、执行、监督各个运作环节、各个风险隐患点的内控文本制度，为期货经纪公司制定制度提供了有益的参考。

69 公司法人治理结构对于提高期货经纪公司规范运作有何意义?

法人治理结构，是市场经济条件下任何公司制企业都必须建立的一种比较规范的企业控管制度，其基本构成是股东会、董事会、监事会以及经理层。法人治理结构则是这些机构之间形成相互制衡的权责利关系的制度化表现。无论机构如何设置，其目的都是为了明确划分股东、董事会、管理人员、监事之间的权力、责任和

利益，从而形成它们之间有效的分工和制衡关系，以保证公司的有效运行。法人治理结构的总体性原则是：

(1) 股东作为所有者掌握着最终的控制权，他们可以决定董事会人选，并有推选或不推选直至起诉某位董事的权利；但不任意干预董事会的管理。

(2) 董事会全权负责公司的经营管理，委托经理人员负责日常经营管理事务，并有监督和激励经理人员的权力；董事会最终要对股东负责。

(3) 经理人员受聘于董事会，负责企业日常经营管理事务，在董事会的授权范围之内，经理人员有决策权，其他人不能随意干涉。经理人员经营成果受董事会的监督和评判。

(4) 股东会产生的监事会从公司内部对董事会、高级管理人员进行广泛的监督。

近年来，我国在进行公司化改造和建立现代企业制度的过程中引进了法人治理结构的概念，其基本内容是对企业的所有者、经营者、管理者和监督者之间的权责利关系进行规范，从而解决企业的不同利益主体之间的利益与风险、激励与约束等问题，建立起企业的权力机构、决策机构、经营机构和监督机构之间相互独立、相互制衡的高效率的企业控管制度，确保企业各方利益的均衡和合理目标的实现。期货经纪公司的法人治理结构涉及到股东会、董事会、监事会的职责，期货经纪公司的自律性行为，期货经纪公司的约束与激励机制，中小股东利益保护等一系列的关系与机制。由于内部人控制问题、所有者缺位问题最终都表现为对投资者利益的损害和“三公”原则的违背，因此，期货经纪公司的法人治理结构的目的是保护投资者的利益，与监管目标是一致的。目前，我国期货经纪公司普遍按照公司法的规定建立了相互制约的治理结构：股东赋予管理层经营和管理企业的权利，并监督其实施；董事会负责经营公司的法人财产，以公司的法人财产对

外承担有限责任；监事会履行监督职责；经理层受董事会聘用，对董事会负责，行使日常经营管理权，建立了现代企业制度下的“三会一经理”的组织体制与相应的责任制度。但实践中由于存在股权高度集中、所有者缺位和内部人控制等问题，这种制衡机制并没有真正到位，仍然存在代理人风险，有待进一步完善和强化。

为推动期货经纪公司进一步完善公司治理，建立健全现代企业制度，促进期货经纪公司依法规范、稳健高效运营，维护投资者和社会公众利益，促进期货市场规范发展，根据《公司法》、《条例》和其他相关法律、法规的规定，中国证监会于2004年3月发布了《期货经纪公司治理准则》。该准则对期货公司法人治理问题作了明确细致的规定。

70 出现保证金退付危机时应采取什么样的特别处理程序？

保证金退付危机是指期货经纪公司无法退付或者可能无法退付投资者保证金的情况。为了切实保护投资者利益，《期货经纪公司管理办法》规定了保证金退付危机的特别处理程序。该程序的适用前提是期货经纪公司已经或者可能出现投资者保证金退付危机，严重影响投资者利益的情况。期货经纪公司经证监会宣布进入特别处理后，由期货经纪公司股东单位组织特别处理工作组。必要时，证监会派出机构可以派代表或者委托中介机构参加特别处理工作。自特别处理开始之日起，由特别处理工作组行使期货经纪公司的经营管理权力。特别处理期间产生的债权债务仍由被特别处理的期货经纪公司承担。特别处理工作组可以依法采取包括处置公司资产、回收到期债权、决定投资者持仓和保证金处理方案、制定并实施期货经纪公司的清理整顿方案等必要措施，化解保证金退付风险。

71 期货从业人员管理办法和高管人员管理办法体现了什么样的监管理念？

实行分类管理的制度，将期货公司工作人员分为三类：期货经纪公司高级管理人员、期货从业人员和期货业务辅助人员。期货从业人员和期货业务辅助人员授权中国期货业协会进行资格管理。期货经纪公司高管人员则由中国证监会管理。高管人员又分为董事长和总经理、副总经理两个序列，分别确定不同的任职资格标准和监管重点。将期货经纪公司的财务、结算、风险控制、合规审查、分支机构等关键岗位的负责人比照高管人员，由中国证监会派出机构进行资格管理。

确立符合市场实际的准入标准，进行严格的任职资格审核。在进行科学分类的基础上，针对不同岗位的职责要求，分别确定资格核准的标准。

在对高管人员任职资格进行年检的同时，强化日常监管。对期货公司法人治理结构、岗位责任制度等提出监管要求和指引，利用提示、重点关注、资格公示、建立诚信数据库等日常监管措施，将事前审批、事中监督与事后追究有机地结合起来，促进期货经纪公司的规范化运作，防范经营风险，保护投资者利益。

对高管人员和从业人员实施责任追究制。对于期货经纪公司违法违规行为负有责任的高管人员和从业人员，必须追究其个人的法律责任。

注重发挥自律组织的职能，尽量减少行政审批事项，加强备案、报告、提示、资格公示等符合市场化原则的监管制度。

72 什么是期货从业人员和期货业务辅助人员？后者能否向投资者独立地提供业务服务？

《期货从业人员资格管理办法》规定的期货从业人员包括：期货经纪公司的高级管理人员；期货交易所业务部门的管理人员和从事交易、结算、交割、财务、稽查等业务的专业人员；期货经纪公司业务部门的管理人员和从事投资者开发、执行委托、结算、合规审查等业务的专业人员；期货交易厅的高级管理人员和从事期货交易厅业务的专业人员；从事期货业务的机构中从事期货投资分析、咨询业务的人员；期货交易所非期货经纪公司会员中从事期货业务的管理人员和专业人员；持有《境外期货业务许可证》企业中从事期货业务的管理人员和专业人员；期货交易所、期货交易厅、期货经纪公司中的电脑管理人员以及中国证监会规定的需要进行资格管理的从业人员等。上述人员必须具有期货从业人员资格。

从事期货业务的机构可以聘用期货业务辅助人员。辅助人员不要求具有期货从业人员资格。辅助人员不能对外开展业务，不能独立对投资者提供服务，只能从事非业务工作，或者在从业人员的指导和监督下从事辅助性的业务工作。期货从业人员和期货业务辅助人员须报机构所在地中国证监会派出机构和中国期货业协会备案。

73 对期货从业人员的监管有哪些基本要求？

《期货从业人员资格管理办法》规定，中国期货业协会负责期货从业人员资格的授予、管理及注销，同时中国期货业协会对从业人员的管理应当接受中国证监会

的监督和指导。

中国期货业协会负责组织期货从业人员资格考试，对通过期货从业人员资格考试的申请人颁发《期货从业人员资格证书》，并向社会公布。在日常的监管中，从事期货业务的机构聘用期货从业人员和期货业务辅助人员，都必须向中国期货业协会备案。期货从业人员因死亡、辞职、退休或者被解聘等原因发生变动，或者在执行职务中有违反法律、法规、规章以及中国证监会有关规定行为的，所在机构应当在规定的时间内向期货业协会报告、备案。

中国期货业协会每年组织期货从业人员后续职业培训，不断提高从业人员的职业道德和专业素质。中国期货业协会对期货从业人员的从业人员资格实施年检。期货从业人员不参加年检或者不符合年检规定条件的，不予通过年检，协会注销其《期货从业人员资格证书》，并向社会公布。取得《期货从业人员资格证书》连续3年未从事期货业务的，《期货从业人员资格证书》失效，由期货业协会予以注销。

期货从业人员有违反法律、法规、规章及中国证监会有关规定的行为的，责令改正；情节严重的，由期货业协会给予纪律处分。纪律处分的种类包括：暂停期货从业人员资格6个月至12个月；撤销期货从业人员资格并在3年内拒绝受理其从业人员资格申请；撤销期货从业人员资格并永久性拒绝受理其从业人员资格。

74 对期货从业人员的职业道德和执业行为规范有哪些规定和要求?

《期货从业人员资格管理办法》对从业人员提出了下列执业行为规范：

（1）遵守有关法律、法规、规章和政策，不得有操纵期货交易价格、欺诈投资者和内幕交易的行为。

（2）遵守期货交易所有关规则和期货经纪公司规章制度。

□ 资格公示

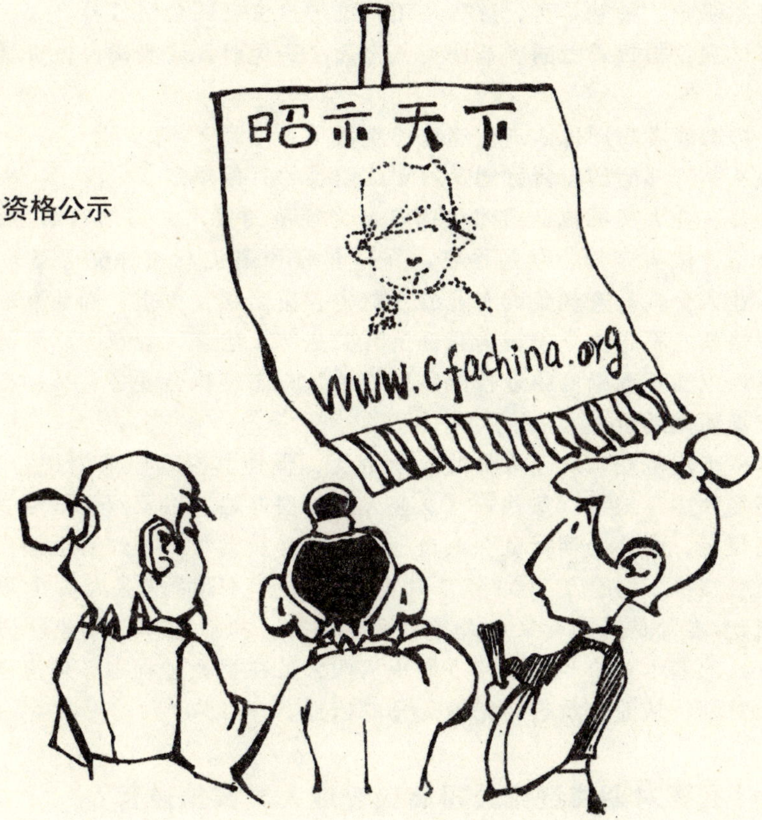

期货从业人员资格公示信息可从中国期货业协会网站www.cfachina.org获取。

(3) 恪尽职守，勤勉尽责，诚实信用，维护投资者的合法权益。

(4) 自觉避免与投资者的利益冲突，当无法避免时，应当确保投资者得到公平对待。

(5) 不协助或者协同他人进行违法违规活动。

(6) 服从监管部门的监督管理及遵守证监会的其他规定。

对于期货从业人员的执业道德和执业行为规范的要求，可以归纳为合规执业、公开公平公正、诚实守信、勤勉尽责、保守秘密和避免利益冲突等基本准则。同时，期货从业人员应具有规定的专业胜任能力，应当相互尊重、同业互助，遵守竞业准则，严格禁止不正当竞争行为和违反有关法律、法规、规章和政策的行为。期货从业人员还应当不断提高执业技能，以谨慎注意态度执行业务，维护投资者的权益，保障市场稳健运行。

为了进一步规范期货从业人员的执业行为，促使其提高职业道德和业务素质，维护期货市场秩序，根据《条例》、《从业人员管理办法》以及《中国期货业协会章程》的有关规定，由协会期货从业人员行为监察委员会负责，经协会理事会通过并报中国证监会核准，协会于 2003 年 7 月发布施行了《期货从业人员执业人员行为准则》。该行为准则是对期货从业人员的职业品德、执业纪律、专业胜任能力及职业责任等方面的基本要求和规定，是期货从业人员在执业过程中必须遵守的行为规范，是协会对期货从业人员进行纪律处分的依据。

 75 为什么要对期货经纪公司高级管理人员实施监管?

期货经纪公司高级管理人员指公司的董事长、总经理和副总经理。中国证监会对这些人员的任职资格的监管包括对其任职资格的审查与确认，任职资格公示，任

职资格的日常考核与年检，任职资格的暂停、注销与撤销等环节。

《期货经纪公司高级管理人员任职资格管理办法》规定，期货经纪公司高级管理人员必须经中国证监会核准其任职资格。未经核准资格的，期货经纪公司不得为其办理任职手续。证监会通过审核材料、考察谈话、定期考核等方式，对期货公司推荐拟任高级管理人员的能力、品行和资历进行审查。证监会对期货公司高管人员的任职资格在日常考核评价的基础上进行年度考核。对于不能持续性满足任职条件的高管人员，将注销其任职资格。对于公司的违法违规行为负有责任的高管人员，还将给予暂停或撤销任职资格的处理。

在日常监管当中，对高管人员实行提示制度。当期货经纪公司在业务经营活动中出现或者可能出现涉嫌违反国家法律、法规或者中国证监会有关规定，法人治理结构、内部控制制度等公司组织管理上出现重大隐患，出现重大财务风险等情形，或中国证监会为维护期货市场秩序而认为确有必要时，中国证监会及其派出机构可以对负有直接责任或者领导责任的期货经纪公司高级管理人员进行提示。提示可以以谈话方式或者以书面方式进行。期货经纪公司及其高级管理人员对被提示的问题应当及时整改，并将整改计划和整改结果报中国证监会派出机构备案。中国证监会派出机构将对整改结果进行跟踪检查。

资格公示对加强期货从业人员和高管人员监管有何重要意义?

期货从业人员和期货公司高管人员资格公示，是从业人员的和期货公司高管人员的资格管理机构或机关，分别将从业人员和高管人员任职资格的取得、丧失和变动情况，通过网站、报纸等媒体进行持续性的公开。整个行业以及社会公众可以随时获知这些信息。由于资格管理机关或机构的这种公示行为具有高度的社会公信

力，从而将期货从业人员和期货公司高管人员置于包括广大投资者在内的社会各界的监督之下。此外，管理机构或机关还可以通过建立人员管理数据库等技术手段，采集和收录反映从业人员和高管人员遵规守法水平和诚信度的信息，建立起诚信档案。诚信档案除了作为分类管理的重要依据，还可以作为资格公示的重要内容向社会公众予以公布。

资格公示对于期货从业人员和高管人员是一种有效的监督和约束机制。投资者可以方便及时地获得合法从业人员和高管人员任职资格的相关权威信息，对经营机构和从业人员的合法性作出判断，从而有效遏止非法机构和非法从事期货业务的行为。此外，对于具有合法资格的从业人员和高管人员，资格公示也可以提高其对资格的重视和珍惜，加强自律，促进其不断提高遵规守法的意识和执业水平。高管人员的任职资格公示，还有助于提高高管人员的职业荣誉感，促进期货市场职业经理人队伍的形成。

77 责任追究对加强期货经纪公司高管人员监管有何重要意义？

国内外金融市场发展的实践充分证明，对于金融机构的监管，必须机构监管和人员监管并重。对于机构的监管偏重于财务状况、制度建设等硬性指标，而对人员的监管则偏重于职业道德、业务素质等相对软性的评价标准。在以往传统的监管思路下，对期货经纪公司的监管中，多偏重于财务状况、业务合规、制度建设等硬性指标。由于高级管理人员对所任职的机构的经营和管理负有重大的责任，因此也就成为监管的重点。

高管人员的职业道德、业务素质、遵规守法意识对公司的依法合规经营有着决定性的作用。对于公司的责任追究如果不能同时落实为高管人员的个人责任，其惩

戒和约束的效果是有限的。当期货经纪公司出现违法违规行为时，公司必须承担相应的法律责任，接受监管机构作出的罚款、停业整顿、注销许可证等处罚。而对于期货公司违法违规行为负有责任的高管人员，也必须追究其个人的法律责任。根据违规行为的性质和严重程度，以及造成的后果和纠正的情况，监管机关将对高管人员采取提示、重点关注、冷谈对待等非处罚性监管措施，或者依法予以警告、暂停任职资格，乃至撤销任职资格的处罚。

近几年来，中国证监会逐步建立起以责任制度为核心的期货经纪公司高管人员监管体系。责任制度是高管人员监管工作的核心。从这几年的监管实践来看，对高管人员的责任追究制度的落实，切实起到了惩治、警示和教育的作用。通过责任追究，建立对高管人员行为的约束机制。对于在期货公司及其高管人员日常监管和年检中发现违法违规、重大风险和严重失信的期货公司的高管人员，能够落实相关人员的责任，并严格予以追究。

什么是全权委托？目前为什么禁止全权委托？

所谓全权委托，是指投资者下达的交易指令不具体指明委托的内容，而是概括性地要求期货公司根据需要随时进行交易，即投资者授权期货经纪公司及其工作人员代自己决定交易指令内容。

全权委托主要表现为：一是投资者给经纪公司及其工作人员的委托具有概括性。投资者与经纪公司达成的委托协议不要求就每次的具体期货交易再下达交易指令，经纪公司及其工作人员可以视情况代理其从事期货交易；二是经纪公司及其工作人员代理具体期货交易无需投资者的具体意思表示。根据投资者的授权，经纪公司及其工作人员能够根据对市场行情的判断，就具体的期货交易独立下达指令，代

投资者从事期货交易。

由于我国期货交易开展的历史尚短，期货从业人员的素质总体上不高。期货经纪公司和从业人员的收入主要来源于代理投资者期货交易的手续费收入。收入的多少由具体下达交易指令人员进行交易的交易量和交易次数决定。如果允许投资者全权委托经纪公司及其工作人员代其操作期货交易，有可能会出现经纪公司及其工作人员为追逐手续费收入而进行“炒单”，从而牺牲投资者利益的情况。90 年代初期我国出现的一些不法机构，为牟取暴利，大量采取全权委托手段，有的公司甚至根本不允许投资者自己进行交易，鼓励经纪人大量“炒单”，引发了大量经济纠纷，严重损害了投资者的利益。

为有利于期货市场的长期发展，切实维护投资者利益，我国有关行政规章以及交易所规则从来都明确禁止全权委托，不承认全权委托的效力。1994 年，国务院证券委颁布的《期货经营机构从业人员管理暂行办法》（证委发［1994］26 号）第 20 条明确规定：“从业人员不得接受投资者的期货交易全权委托。”

《期货交易管理暂行条例》第 31 条第 2 款规定：“投资者的交易指令应当明确、全面。”第 32 条规定：“期货经纪公司根据投资者的交易指令，为其进行期货交易。期货经纪公司不得未经投资者委托或者不按照投资者委托范围，擅自进行期货交易。”从这些规定精神来看，全权委托与此条规定的交易指令必须明确、全面的精神是相悖的，因此应当是被禁止的。期货市场试点的实践也说明，期货公司接受投资者全权委托进行期货交易，极易发生风险，弊端很多，投资者的利益因指令内容不明确而难以得到保障。

对由于全权委托带来的损失由谁承担的问题，也有过不同的意见。一种意见认为应由期货经纪公司及其工作人员承担，理由是既然法律已经规定期货经纪机构及其工作人员不得接受投资者的全权委托，如从事了这一法律禁止的行为，所产生的

法律后果应由期货经纪公司及其工作人员负责。另一种意见认为，全权委托产生的亏损应由投资者承担，理由是全权委托期货经纪公司及其工作人员代理其操作具体的交易毕竟是投资者真实的意思表示，即投资者愿意承担期货交易的任何结果，全权委托的结果可能赢也可能赔，从公平角度说，投资者既然能享受全权委托带来的盈利，也应承担全权委托造成的亏损。我国期货法规和规章禁止全权委托的行为是全面的，即禁止投资者全权委托期货经纪公司及其工作人员，也禁止期货经纪公司及其从业人员接受全权委托。如果出现了全权委托的情况，对双方达成全权委托的无效民事行为，双方都有过错。根据我国民法通则的有关规定，在民事行为中双方当事人均有过错的，各自承担相应的民事责任。因此，对全权委托产生的损失，经纪公司和投资者应当根据双方的过错大小承担各自的民事责任。

79 什么是透支交易？透支交易会导致什么样的法律后果？

透支交易是指交易所或经纪公司在经纪公司或投资者没有保证金或保证金不足的情况下，允许经纪公司或投资者开仓交易。首先，透支交易的主体可以是交易所对经纪公司，也可以是经纪公司对投资者；其次，具有经纪公司或投资者没有保证金或保证金不足的情况；再次，交易所或经纪公司允许经纪公司或投资者开仓交易。三个条件同时存在才构成透支交易。

当经纪公司或投资者没有保证金或保证金不足时，交易所或经纪公司仍允许经纪公司或投资者开仓交易，其表现是一种融资行为。透支交易中的融资行为与一般融资行为有共性，即交易所或经纪公司允许经纪公司或投资者使用的均是非属使用者所有的资金。同时，透支交易的融资行为与一般融资行为相比又有其特殊性，一般融资行为的出借方是将自己所有或者法律上认定为其所有的资金借给借入方使

用，期货透支交易的出借方出借的经常是其他期货交易者的资金，而非出借方所有的资金。此外，一般融资行为的出借方事先要将实际的融资资金交付给借入方，由借入方对融资资金实际控制、占有并使用；期货透支交易的出借方一般不事先将实际的融资资金交给借入方占有，而仍然在交易所的结算账户中，由出借方实际控制，当交易发生实际亏损后，才将资金融给借入方，以填补实际亏损。在我国，施行金融业务专营制度，只有经国家批准的金融机构才能从事融资信贷业务。因此，期货中的透支交易是一种违法行为。有关法规和行业监管部门的规章都严格禁止。

透支交易的存在，加大了投资者的市场风险，一旦发生亏损，产生纠纷后到法院诉讼的情况时有发生。期货交易由于其特有的保证金制度，使得投资者可以根据杠杆原理，以小博大，这既是期货交易的魅力所在，也是其高风险特色的根源。而透支交易使得这种原本存在的高风险进一步扩大。在进行透支交易时，经纪机构是一种片面的逐利心态，甚至是不正当竞争的心态，而投资者是一种豪赌心态。这两种情绪都不是正常投资者在充分考虑市场风险后理智的选择。同时，一旦由于透支交易引起投资者穿仓，就威胁到了其他投资者存托在经纪公司保管的资金，从而损害了其他投资者的利益，也就损害了期货市场秩序。按照《条例》第59条的规定，期货公司允许投资者进行透支交易的，应当责令改正，给予警告，没收违法所得，并处违法所得1倍以上3倍以下的罚款；没有违法所得或者违法所得不满10万元的，处10万元以上30万元以下的罚款；情节严重的，责令停业整顿或者吊销期货经纪业务许可证。对直接负责的主管人员和其他直接责任人给予纪律处分，并处1万元以上5万元以下的罚款。

按照《期货司法解释》的规定，期货交易所在期货公司没有保证金或者保证金不足的情况下，允许期货公司开仓交易或者继续持仓，应当认定为透支交易。期货公司在客户没有保证金或者保证金不足的情况下，允许客户开仓交易或者继续持

仓，应当认定为透支交易。审查期货公司或者客户是否透支交易，应当以期货交易所规定的保证金比例为标准。期货公司的交易保证金不足，期货交易所未按规定通知期货公司追加保证金的，由于行情向持仓不利的方向变化导致期货公司透支发生的扩大损失，期货交易所应当承担主要赔偿责任，赔偿额不超过损失的60%。客户的交易保证金不足，期货公司未按约定通知客户追加保证金的，由于行情向持仓不利的方向变化导致客户透支发生的扩大损失，期货公司应当承担主要赔偿责任，赔偿额不超过损失的80%。

《期货司法解释》还对保留持仓问题作了规定：期货公司的交易保证金不足，期货交易所履行了通知义务，而期货公司未及时追加保证金，期货公司要求保留持仓并经书面协商一致的，对保留持仓期间造成的损失，由期货公司承担；穿仓造成的损失，由期货交易所承担。客户的交易保证金不足，期货公司履行了通知义务而客户未及时追加保证金，客户要求保留持仓并经书面协商一致的，对保留持仓期间造成的损失，由客户承担；穿仓造成的损失，由期货公司承担。期货交易所允许期货公司开仓透支交易的，对透支交易造成的损失，由期货交易所承担主要赔偿责任，赔偿额不超过损失的60%。期货公司允许客户开仓透支交易的，对透支交易造成的损失，由期货公司承担主要赔偿责任，赔偿额不超过损失的80%。期货交易所允许期货公司透支交易，并与其约定分享利益、共担风险的，对透支交易造成的损失，期货交易所承担相应的赔偿责任。期货公司允许客户透支交易，并与其约定分享利益、共担风险的，对透支交易造成的损失，期货公司承担相应的赔偿责任。

保留持仓的规定体现了尊重当事人的意思自治的司法解释精神，主要是考虑到仓位是客户的，只要亏的是客户自己的钱，应当允许客户自己做主处分。控制风险是必要的，但同时还应强调意思自治的重要性。但是，并不是当事人所有的约定，

人民法院均会在判决中予以认可和支持。比如，《期货司法解释》第 33 条明确规定，穿仓造成的损失由允许方承担，就是提醒交易所、期货公司不能放弃自己应履行的风险控制和管理职责，不应在经济利益上一味迁就客户，要对整个市场安全负责。

80 什么是内幕信息和内幕交易？内幕交易的行政责任是什么？

内幕信息是指期货交易活动中，涉及对期货的市场价格有重大影响的尚未公开的信息，包括：中国证监会及其他相关部门制定的对期货交易价格可能发生重大影响的政策，期货交易所作出的可能对期货交易价格发生重大影响的决定，期货交易所会员、投资者的资金和交易动向以及中国证监会认定的对期货交易价格有显著影响的其他重要信息。

内幕交易是指期货交易内幕信息的知情人员利用内幕信息进行期货交易活动的行为，主要形式有：①内幕信息的知情人员利用内幕信息买卖期货合约，或根据内幕信息建议他人买卖期货合约；②内幕信息的知情人员向他人泄漏内幕信息使他人获利；③非内幕信息的知情人员通过不正当手段或其他途径获得内幕信息，并据此买卖或建议他人买卖期货合约。

内幕信息的知情人员，是指由于其管理地位、监督地位或者职业地位，或者作为雇员、专业顾问履行职务，能够接触或者获得内幕信息的人员，包括：期货交易所的理事长、副理事长、总经理、副总经理等高级管理人员以及其他由于任职可获取内幕信息的从业人员，中国证监会的工作人员和其他有关部门的工作人员以及中国证监会规定的其他人员。

条例第 61 条规定：“期货交易内幕信息的知情人员或者非法获取期货交易内幕

信息的人员，在对期货交易价格有重大影响的信息尚未公开前，利用内幕信息从事期货交易，或者向他人泄露内幕信息，使他人利用内幕信息进行期货交易的，没收违法所得，并处违法所得1倍以上5倍以下的罚款；没有违法所得或者违法所得不满10万元的，处10万元以上50万元以下的罚款；构成犯罪的，依法追究刑事责任。”

81 什么是操纵期货交易价格？其行政责任是什么？

操纵期货交易价格的表现形式有：①单独或者合谋，集中资金优势、持仓优势或者利用信息优势联合或者连续买卖期货合约，操纵期货交易价格的；②蓄意串通，按事先约定的时间、价格和方式相互进行期货交易，影响期货交易价格或者期货交易量的；③以自己为交易对象，自买自卖，影响期货交易价格或者期货交易量的；④为影响期货市场行情囤积实物的；⑤有中国证监会规定的其他操纵期货交易价格的行为的。

依据条例第62条的规定，任何单位或者个人有上述行为之一的，属于操纵期货交易价格，其法律后果是：应责令改正，没收违法所得，并处违法所得1倍以上5倍以下的罚款；没有违法所得或者违法所得不满20万元的，处20万元以上100万元以下的罚款；构成犯罪的，依法追究刑事责任。单位涉嫌操纵期货交易价格的，对直接负责的主管人员和其他直接责任人员给予纪律处分，并处1万元以上10万元以下的罚款。

纠纷解决篇

82 投资者在期货纠纷中维护自身权益的主要途径有哪些?

在经济和商务活动当中，当事人之间发生各种各样的纠纷是难以避免的。当发生纠纷时，应当积极通过各种可能的方式和途径解决纠纷。对投资者而言，解决纠纷的过程，也就是维护自己合法权益的过程。

纠纷双方进行直接协商是最简便、最直接的维权方式。协商必须以双方平等自愿为前提。在不违反法律的强制性规定的前提下，当事人可处分自己的权利。协商后达成的协议具有合同的效力，对双方有约束力，但没有直接的强制执行效力，需要由当事人自愿履行，如有违反，应承担违约的民事法律责任。

由纠纷双方之外的第三者居中进行调解是另一种解决纠纷的方式。进行调解的前提是纠纷双方必须自愿接受调解，在调解过程中，任何一方也可以随时退出调解。经调解达成的协议，与双方直接协商达成的协议效力相同，同样没有直接的强制执行效力，需要由当事人自愿履行。但是，协商和调解也有着自身的优势。两种纠纷解决方式程序简便灵活、成本低廉，是其最明显的优势，而且能够维护双方合作关系，也有利于保护商业秘密。由于协议的内容是在双方自愿的基础上订立的，在良好的信用机制下，往往能够得到自愿履行。

仲裁是一种准司法程序，虽然仲裁也以双方自愿订立的仲裁协议为前提，但一旦有了有效的仲裁协议，则仲裁程序就对当事人双方具有了强制力。仲裁程序一经启动，就必须依照仲裁程序进行。仲裁机构作出的仲裁裁决具有终局的效力。虽然仲裁机构不能直接强制执行，但当事人如果不自愿履行裁决，对方当事人可以申请法院强制执行仲裁裁决。

诉讼，俗称“打官司”，是由国家专门设立的司法机关（法院）对当事人之间的纠纷进行审理，并作出具有终局效力和强制效力的判决的纠纷解决方式。诉讼具有严格的程序性特点，并且法院的裁决具有直接的强制执行效力。

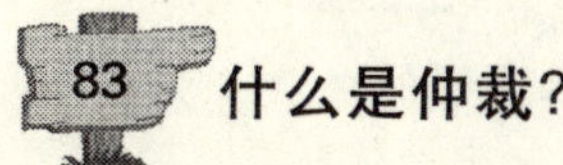

83 什么是仲裁？

仲裁是解决民事、经济纠纷的重要方式之一，指纠纷双方当事人在争议发生前或发生后达成协议，自愿将双方的纠纷交由中立的第三方进行审理并作出对争议双方均产生拘束力的裁决。

仲裁制度遵循以下原则：首先，仲裁遵循自愿原则，充分尊重当事人的意愿。纠纷发生后是否通过仲裁方式解决，由哪个仲裁机构裁决案件，都由双方协商选定。仲裁庭的组成形式以及仲裁员的选择由当事人决定。在涉外仲裁中，仲裁适用的程序规则以及实体规范也可由当事人协商。

其次，仲裁具有民间性。仲裁的主持者，即仲裁机构不属于官方机构。仲裁机构与行政机关没有隶属关系，仲裁机构之间也没有隶属关系。仲裁制度是一种民间自治的纠纷解决方式，承担案件审理的仲裁员也是民间人士。仲裁机构没有采取财产保全、证据保全等强制措施的权力。尽管如此，仲裁裁决具有法律上的强制力。仲裁裁决一经作出即发生法律效力，承担义务的一方当事人应当在指定的期限内履

□ 纠纷解决方式

协商——直接和气又简便

调解——灵活保密价低廉

仲裁——纠纷双方自愿选

诉讼——对簿公堂见法官

行其义务，否则，权利人可以依据生效的仲裁裁决向法院申请强制执行，通过国家的司法权保障裁决的实现。

最后，仲裁实行一裁终局原则。即案件一经仲裁机构作出裁决立即生效并对双方当事人产生相应的法律约束力，当事人不得就同一案件再向仲裁机构申请仲裁或向法院提起诉讼。

如何签订仲裁协议？

仲裁协议，是指当事人自愿达成的将已经发生的或将来可能发生的纠纷，提交仲裁机构裁决的意思表示，是当事人愿意将其纠纷提交给仲裁机构仲裁的法律文件，仲裁协议必须是书面形式。仲裁协议是非常重要的法律文件，涉及到当事人能否申请仲裁以及仲裁机构能否受理的重要问题。因此，我国仲裁法规定，仲裁协议必须是书面形式，口头仲裁协议无效。仲裁协议有两种表现形式，一是双方就仲裁形成独立的协议，另一种在合同中订立关于仲裁的合同条款。独立的仲裁协议和合同中的仲裁条款的效力是一样的。仲裁协议的效力具有独立性。也就是说，仲裁协议是否有效，不受当事人所发生争议的合同是否有效的影响。合同无效，不影响仲裁协议的效力。

仲裁协议的内容由双方当事人约定，但必须具备以下基本内容：①双方当事人自愿将争议提交仲裁的意思表示；②提交仲裁的具体事项；③选定的仲裁机构。

仲裁包括哪些主要程序？

仲裁主要有申请、受理、审理、裁决和执行等程序。首先，当事人应当以书面

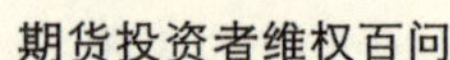

方式向仲裁协议规定的仲裁机构提出仲裁的申请。在仲裁申请中应写明申请人和被申请人的基本情况，仲裁请求和所根据的事实、理由，证据和证据来源等。同时，申请人应当交纳仲裁费。

仲裁机构经审核符合受理条件的，将组成仲裁庭。仲裁庭有合议庭和独任庭两种形式，适用哪种仲裁庭当事人有权通过协商确定。当事人协议确定独任仲裁形式的，独任仲裁员由双方协议选择。如果协议确定合议庭仲裁形式的，首先由双方各选择一名仲裁员，然后再协议选择第三名仲裁员，该第三名仲裁员为合议庭的首席仲裁员。当事人也可以委托仲裁委员会主任决定。如果当事人未能确定仲裁庭的形式或仲裁员的人选，仲裁委员会主任有权作出最后决定。

仲裁庭在双方当事人或其代理人的参加下，通过听取当事人或者代理人的口头陈述、出示证据、质证和进行辩论，对当事人之间的争议进行实质审查，并在此基础上作出裁决。当事人如果未能执行仲裁裁决，对方当事人可以申请人民法院进行强制执行。

86 仲裁裁决的法律效力如何？当事人能否对仲裁裁决提出异议？

仲裁裁决生效以后即产生法律约束力。当事人不得就该裁决所解决的争议再向其他仲裁机构申请仲裁，也不得向法院起诉，法院和其他仲裁机构也不得受理已由生效裁决所解决的争议事项。仲裁裁决作出以后，负有义务的当事人应当履行义务，在裁决书规定的期间内拒不履行其义务的，权利人可以向法院申请强制执行。

由于仲裁具有终局的效力，当事人即使对裁决不服，也不能申请复议或上诉。但是，如果有下列情形时，当事人在6个月内可以向仲裁机构所在地的中级法院申请撤销仲裁裁决：当事人之间没有仲裁协议的；裁决的事项不属于仲裁协议约定的

范围或者仲裁委员会无权仲裁的；仲裁庭的组成或者仲裁的程序违反法定程序的；裁决所依据的证据是伪造的；对方当事人隐瞒了足以影响公正裁决的证据的；仲裁员在仲裁该案时有索贿受贿、徇私舞弊、枉法裁判行为的；裁决违背社会公共利益的。法院经审查核实认为当事人提出的申请所依据的理由成立的，应当在2个月内裁定撤销该裁决。仲裁裁决被人民法院裁定撤销后，当事人可以重新达成仲裁协议申请仲裁，也可以向人民法院起诉。

87 当事人如何向人民法院申请执行仲裁裁决?

仲裁与其他民间性质的解决纠纷方式最显著的不同，在于仲裁裁决具有法律上的强制力。仲裁裁决作出以后，义务人应当在规定的期限内自觉履行义务。但是，如果义务人在规定的期限内拒不履行仲裁裁决书中所确定的义务，权利人可以向被申请执行人住所地或被执行财产所在地的人民法院提出执行申请。当事人必须在法定期限内提出申请。如果双方或一方当事人为公民的，执行申请应当在1年内提出；如果双方是单位的应当在6个月内提出。申请期限从履行期届满之日起开始计算。法院收到执行申请后，经审查，认为申请符合法律的规定，将向义务人发出限期履行义务的通知，逾期不履行的，则强制执行。

88 什么是民事诉讼？什么是民事诉讼法?

民事诉讼，是指人民法院在当事人和全体诉讼参与人的参加下，依法审理和解决民事纠纷的活动。民事诉讼是解决纠纷的重要手段之一。在人们的生产、生活和

工作中不可避免地会发生各种各样的矛盾和纠纷，例如房产纠纷、合同纠纷、继承纠纷、侵权纠纷、名誉权纠纷等。民事诉讼的作用，是通过民事诉讼制度和程序的运用，解决当事人之间的权利义务之争，保障民事主体所应享有和承担的权利义务关系得以实现。与社会生活中解决民事争议的其他方法（例如和解、调解、仲裁）相比较，民事诉讼是在国家审判机关的主持下进行的，民事诉讼的进行应当依照严格的诉讼程序和诉讼制度，民事诉讼具有强制性。

民事诉讼法，是国家制定的、规范法院与民事诉讼参与人的诉讼活动，调整法院与诉讼参与人法律关系的法律规范的总和。狭义上的民事诉讼法，是指国家制定的民事诉讼法法典，即《中华人民共和国民事诉讼法》。广义上的民事诉讼法，不仅包括民事诉讼法法典，而且还包括宪法，其他法律、法规中有关民事诉讼的规范，以及最高人民法院作出的有关民事诉讼的规范性文件即司法解释。

89 民事诉讼法的基本制度有哪些？

民事诉讼法的基本制度，是在民事诉讼活动过程中的某个阶段或几个阶段对人民法院的民事审判起重要作用的行为准则。我国民事诉讼法的基本制度有：合议制度、回避制度、公开审判制度和两审终审制度。

合议制度是指由若干名审判人员组成合议庭对民事案件进行审理的制度。实行合议制，是为了发挥集体的智慧，弥补个人能力上的不足以保证案件的审判质量。

回避制度，是指为了保证案件的公正审理，而要求与案件有一定的利害关系的审判人员或其他有关人员，不得参与本案的审理活动或诉讼活动的审判制度。

公开审判制度，是指人民法院审理民事案件，除法律规定的情况外，审判过程及结果应当向群众、社会公开。对于涉及国家机密的案件、涉及个人隐私以及离婚

案件、涉及商业秘密的案件，则不实行公开审判。

两审终审制度，是指一个民事案件经过两级人民法院审判后即告终结的制度。一般的民事诉讼案件，当事人不服一审人民法院对案件所作的判决、裁定（个别种类裁定不允许上诉），可上诉至二审人民法院，二审人民法院对案件所作的判决、裁定为生效判决、裁定，当事人不得再上诉。不过，民事诉讼法还规定，最高人民法院所作的一审判决、裁定，为终审判决、裁定，当事人不得上诉。再有，适用特别程序、督促程序、公示催告程序和企业法人破产还债程序审理的案件，实行一审终审。

90 人民法院受理民事诉讼案件的范围有哪些?

根据民事诉讼法的规定，我国人民法院受理的民事案件有下列五类：

(1) 基于民法、婚姻法调整的财产关系和人身关系方面产生的案件，如财产所有权纠纷、债权纠纷、婚姻纠纷、名誉权纠纷、继承纠纷、赡养纠纷等等。

(2) 经济法所调整的经济关系方面所发生的纠纷。

(3) 劳动法所调整的劳务关系方面所发生的纠纷。

(4) 其他法律法规所规定的部分纠纷，如环境污染所引起的民事纠纷、选民资格案件、公示催告案件、申请支付令案件等。

(5) 最高人民法院所确定的部分专利权案件、海事海商案件等。

在此，需要注意的是，要正确处理仲裁和民事诉讼的关系。按照现行法律，我国实行或审或裁的体制。即是说，当事人之间发生了民事纠纷，到底采取何种方式处理听凭当事人决定。如果在纠纷发生前或发生后，当事人约定以仲裁方式解决争端，则不得向人民法院提起民事诉讼；如果不服仲裁机构的裁决，当事人也不得再

向法院起诉。

91 民事诉讼法对级别管辖和地域管辖是如何规定的?

所谓管辖，是指各级人民法院之间和同级法院之间，受理第一审民事案件的分工和权限。我国民事诉讼法在确定管辖时主要考虑了六大要素：一是便于当事人进行诉讼，二是便于人民法院行使审判权，三是体现程序正义价值，四是兼顾各级法院的职能和工作的均衡，五是有利于维护国家的主权，六是是固定性与灵活性相结合。

从不同角度来分，管辖主要分级别管辖和地域管辖两种。

级别管辖是指按法院的级别划分上下级法院之间第一审民事案件的分工和权限。最高人民法院管辖在全国范围内有重大影响的民事案件和认为应当由其审理的民事案件。高级人民法院管辖本辖区有重大影响的民事案件。中级人民法院管辖重大涉外民事案件和本辖区有重大影响的民事案件，以及最高人民法院确定由其管辖的第一审民事案件。如海事、海商案件，专利纠纷案件，涉及台、港、澳同胞及其企业组织的案件等。基层法院管辖除以上法院管辖之外的所有第一审民事案件。

地域管辖分为一般地域管辖和特殊地域管辖。一般地域管辖是指以当事人所在地与法院辖区的关系来确定的管辖。在我国，公民总要在一定的行政区划内生活，要么该行政区是他的住所地，要么该行政区是其居所地。所谓住所地是指公民的户籍地，居所地是指公民以一定的理由和目的在某地持续居住一年以上的所在地。对于法人或其他组织而言，其住所地是指该法人或其他组织的主要营业地或主要办事机构所在地。法律规定，在一般情况下实行“原告就被告原则”，即原告应向被告住所地法院提起民事诉讼，如果住所地与居所地不一致时，原告应向被告的居所地

法院起诉。法律规定，在特殊情形下实行“被告就原告原则”，即原告起诉只需在自己的住所地或居所地法院提起诉讼。例如，对不在中华人民共和国领域内居住的人提起的有关身份关系的诉讼；对下落不明或者宣告失踪的人提起的有关身份关系的诉讼；对被劳动教养的人提起的诉讼和对被监禁的人提起的诉讼。

特殊地域管辖是指以被告住所地或诉讼标的所在地或引起法律关系发生、变更、消灭的法律事实所在地法院为管辖法院的管辖。《民事诉讼法》第24条至第33条的规定基本上是特殊地域管辖的内容。具体地说是：

(1) 因合同纠纷提起的诉讼，由被告住所地或合同履行地法院管辖；合同履行地一般是指该合同规定的义务完成地和接受义务的地点。例如，财产租赁合同以租赁物使用地为合同履行地。

(2) 因保险合向纠纷提起的诉讼，由被告住所地或者保险标的物所在地法院管辖。

(3) 因票据纠纷提起的诉讼，由票据支付地或者被告住所地法院管辖。

(4) 因铁路、公路、水上、航空运输和联合运输合同纠纷提起的诉讼由运输始发地、目的地或被告住所地法院管辖；因侵权行为引起的诉讼，由侵权行为地或被告住所地法院管辖。侵权行为地包括侵权行为发生地和侵权行为结果地。

(5) 因铁路、公路、水上和航空事故请求损害赔偿提起的诉讼，由事故发生地或车辆、船舶最先到达地、航空器最先降落地或被告住所地法院管辖。

(6) 因船舶碰撞或者其他海损事故请求损害赔偿提起的诉讼，由碰撞发生地、碰撞船舶最先到达地、加害船舶被扣留地或者被告住所地法院管辖。

(7) 因海难救助费用提起的诉讼，由救助地或被救助船舶最先到达地法院管辖。

(8) 因共同海损提起的诉讼，由船舶最先到达地、共同海损理算地或航程终止地法院管辖。

此外，还有专属管辖、协议管辖、移送管辖、指定管辖、共同管辖等。

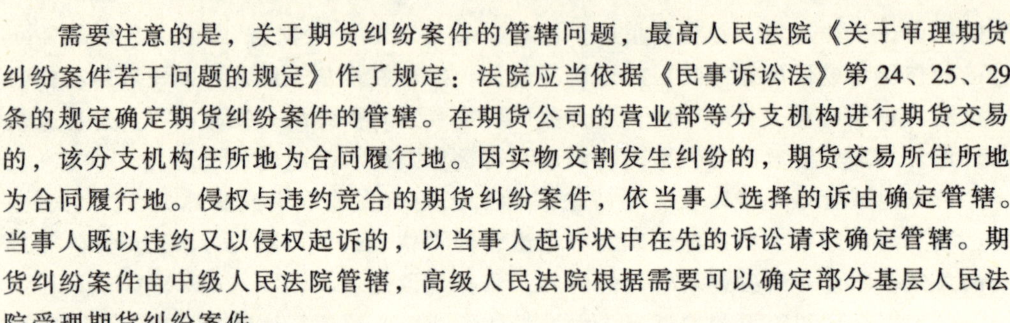

需要注意的是，关于期货纠纷案件的管辖问题，最高人民法院《关于审理期货纠纷案件若干问题的规定》作了规定：法院应当依据《民事诉讼法》第 24、25、29 条的规定确定期货纠纷案件的管辖。在期货公司的营业部等分支机构进行期货交易的，该分支机构住所地为合同履行地。因实物交割发生纠纷的，期货交易所住所地为合同履行地。侵权与违约竞合的期货纠纷案件，依当事人选择的诉由确定管辖。当事人既以违约又以侵权起诉的，以当事人起诉状中在先的诉讼请求确定管辖。期货纠纷案件由中级人民法院管辖，高级人民法院根据需要可以确定部分基层人民法院受理期货纠纷案件。

在地域管辖方面，《期货司法解释》考虑到了《民事诉讼法》对于地域管辖的基本规定，也就是合同履行地、被告所在地以及侵权行为地。对于期货公司分支机构所在地能否成为合同履行地，为了方便诉讼起见，以及考虑到下单操作的具体行为发生在分支机构所在地，应当由分支机构所在地的人民法院作为管辖法院。目前，期货市场交易普遍参照证券市场交易的技术发展情况，例如，远程交易、网上交易应当考虑到客户发出指令所在地即为合同履行地。至于被告所在地，应当考虑客户与期货公司或者期货公司分支机构签订合同的，以签订合同者所在地为被告所在地，当然对于争议数额较大的，分支机构又不能独立承担民事责任的，客户有权将期货公司列为共同被告，在管辖地选择上由原告选择分支机构所在地或者期货公司所在地作为被告住所地。

92 在民事诉讼中当事人享有哪些诉讼权利，承担哪些诉讼义务？

民事诉讼中的当事人，是指因民事权利义务发生争执或引起纠纷，以自己的名义起诉、应诉和进行诉讼，并接受法院裁判拘束的人。民事诉讼当事人在不同的审

理阶段有不同称谓。在起诉阶段称为原告、被告；在判决阶段称为胜诉人或败诉人；在二审阶段称为上诉人和被上诉人；在执行阶段称为申请执行人和被申请执行人。在中国，可以充当民事诉讼当事人的有中国公民和法人。凡公民进行民事诉讼的时候，一般说来是由自己出庭，不能出庭或希望得到法律帮助时也可聘请诉讼代理人。未成年人或精神病患者须由其法定代理人代理。法人进行诉讼时，通常是由其法定代表人出庭。既不是公民也不是法人的其他组织，如依法登记领取了营业执照的合伙组织、银行设在各地的分支机构、经民政部门登记的社会团体等，他们本无诉讼权利能力，为了诉讼的需要，法律特别赋予其诉讼权利能力，享有当事人资格。其他组织进行诉讼时，由其负责人出庭。

民事诉讼当事人的诉讼权利。包括：①起诉、应诉和进行诉讼的权利；②有委托诉讼代理人的权利；③有使用本民族语言文字进行诉讼的权利；④有自行和解的权利；⑤有提出回避申请的权利；⑥有进行辩论的权利；⑦有对自己的民事权利和诉讼权利进行处分亦即自由支配的权利；⑧有申请证据保全、财产保全和先予执行的权利；⑨有要求鉴定或重新鉴定的权利；⑩有上诉、申诉和申请再审的权利；⑪有申请补正法庭笔录的权利；⑫有申请强制执行的权利。

民事诉讼当事人的诉讼义务。包括：①有遵守民事诉讼秩序的义务；②有善意行使自己的诉讼权利的义务，不得借口行使权利而无故拖延诉讼，更不得滥用诉讼权利而损害他人的利益；③有认真履行生效裁判的义务；④有交纳诉讼费用的义务；⑤有如实提供诉讼证据的义务。

93 如何在民事诉讼中申请财产保全？

在民事诉讼中，如果出现当事人一方恶意抽逃资金，变卖、挥霍、转移、隐藏

财产和标的物，以及由于争议标的物自身属性而腐烂、变质、毁损的现象，那么，法院判决生效后就无财产可供执行或难以执行。为了保证人民法院将来作出的判决能够顺利执行，有效保护当事人合法权益，另一方当事人可以及时申请人民法院对争议的财产或争议的标的物采取财产保全措施，在一定时期内限制当事人对该项财产的支配、处分权，为将来生效判决的执行提供可能，这就是民事诉讼中的财产保全，它分为诉讼保全和诉前保全两种。

(1) 诉讼保全申请。由案件当事人在诉讼程序开始后、作出判决前向人民法院提出，当事人没有提出申请的，人民法院在必要的时候也可以自行裁定采取保全措施。申请诉讼保全或法院依职权采取财产保全措施的前提，必须是可能因一方当事人的行为或者其他原因，使判决不能执行或难以执行的案件。人民法院接到当事人申请采取财产保全措施的，可责令申请人提供担保，申请人应当提供担保。担保主要采用财物担保的形式，提供担保的财物数额应相当于请求保全的金额，当事人拒不提供担保的，人民法院驳回申请。

(2) 诉前保全申请。由利害关系人在起诉以前向人民法院提出。利害关系人是指认为自己的民事权益正受他人侵犯或与他人发生了争议的人。申请诉前保全的前提必须是情况紧急，即利害关系人如果等到起诉后再申请财产保全，将会使其合法权益受到难以弥补的损害。申请诉前保全的，申请人应当提供担保，未提供担保的，人民法院驳回申请。申请人在人民法院采取诉前保全的强制措施后十五日内不起诉的，人民法院解除财产保全。

上述两种申请财产保全的情形，都必须属于给付之诉，即一方要求另一方给付一定数量货币或财物的诉讼，单纯的确认之诉、变更之诉不发生财产保全问题。财产保全申请一般由当事人以书面形式向人民法院提出，以口头形式提出的，人民法院将记录在卷，并由申请人签字盖章。

财产保全裁定一经作出，即发生法律效力，如果当事人不服，可以向作出财产保全的人民法院申请复议一次，复议期间，不停止裁定的执行。财产保全采取查封、扣押、冻结或法律规定的其他方法。财产保全限于请求的范围，或与本案有关的财产。财产保全申请有错误的，申请人应当赔偿被申请人因财产保全所遭受的损失。

如果在案件过程中，发现债务人正在试图转移、藏匿财产，存心赖账。这很可能造成您最后赢了官司，却拿不到钱的结果。这时候，您掌握了确实的证据后，可以向法院申请财产保全。财产保全是指法院在利害关系人起诉前或者当事人起诉后申请执行前，为保证判决的执行或避免财产遭受损失，对当事人的财产或者争议的标的物采取限制其处分的保护性措施。需要指出的是，并不是所有的案件都需要财产保全，那么，申请财产保全应符合哪些条件呢？首先，申请财产保全的案件应属给付之诉。其次，财产保全应具有法定的事实根据和事由。另外，法院责令申请人提供担保的，申请人必须提供担保，否则，法院将驳回其申请。

94 证据在民事诉讼中的意义和作用?

民事诉讼证据的概念。当事人要想在诉讼中胜诉，必须持有充分的证据。人民法院要公正地审理案件必须依靠充分的证据。可见，民事诉讼中的证据具有非同小可的意义。所谓民事诉讼证据，是指能够证明民事案件真实情况的事实。

民事诉讼证据具有三个属性。其一，证据具有客观性。客观性是相对于主观而言，而客观的东西并不都能证明特定的民事案件。其二，证据具有关联性。其三，证据具有合法性。合法性体现在二个方面，一是在提取、收集证据时要做到合法，否则该证据难以采信；二是证据形成要件须合于法律的规定。

依照民事诉讼法的规定，民事诉讼证据的种类有：

（1）书证。凡是用符号、图表和文字的内容去证明民事案件的物品称为书证。书证一般呈书面形式。书证的最大特点是通过文字、图表或符号反映，便于保存，易于携带。书证应当提交原件，提交原件有困难的，可以提交复制品、照片、副本、节录本。提交外文书证，必须附有中文译本。

（2）物证。以物体自身存在的外形、规格、质量等特征来证明案件的物品和痕迹。如致人伤害的木棒，房屋租赁纠纷中的房屋等。物证应当提交原物，提交原物有困难的可以提交复制品、照片。

（3）视听资料。视听资料是现代科技在诉讼中的运用。它是利用录音、录像、电脑贮存数据等来证明案件的证据。

（4）证人证言。证人是指亲身感知案情并在法庭上重述该案情的人。证人在法庭上所作的陈述即是证人证言。法律规定，作证是每一个知道案情的公民的义务。除不能正确表达意志者外，证人应积极履行作证的义务。证人是民事诉讼的参与人，在诉讼中应当而且必须享有一定的诉讼权利，如有使用本民族语言文字作证的权利，有要求宣读并补正向已证言的权利，有获取因作证而发生的误工补偿的权利，也有要求司法机关保障其人身和财产安全的权利。证人在诉讼中也应承担一定的诉讼义务，主要有按时出庭的义务，如实陈述并回答质询的义务以及保守国家机密的义务。

（5）当事人陈述。这里所谓当事人陈述，严格地说应是当事人向法庭所作的有关案件事实的陈述，而不是其他的看法。由于当事人又是案件的直接利害关系人，趋利避害的心理决定了当事人陈述的最大特点是可能的虚假性。

（6）鉴定笔录。鉴定笔录是鉴定人凭借自己的科学知识和技能对案件的某些问题进行科学论证后所得出的结论。鉴定人不同于证人。证人是在案件形成的过程中

感知案情的，鉴定人是案件发生后才了解案情的。鉴定人必须具备相应的科学知识或技能，而证人则无此要求；鉴定人可以替换，证人却不能替换。

（7）勘验笔录。是指审判人员对案件现场或相关物品进行查验、拍照、测量所作的记录。如在房屋纠纷中，房屋难以搬动，于是只有派员前往勘察并绘制出相应图形和文字记录。

95 如何认识民事诉讼中的调解程序？

人民法院在审理民事案件的过程中，如果当事人愿意，可以说服或促成双方达成和解协议和平解决争端。法院调解在我国的民事审判实践中积累了丰富的经验，事实证明法院调解也有诸多的好处。法院调解，又叫诉讼中调解，是指民事诉讼中双方当事人在法院审判人员的主持和协调下，就案件争议的问题进行协商，从而解决纠纷所进行的活动。法院调解，一是有利于纠纷的迅速解决，提高办案效率；二是有利于当事人之间权利义务的实现；三是有利于促进双方当事人的团结。法院调解应当遵循当事人自愿原则、查明事实分清是非的原则和合法原则。调解书一但经双方当事人签字认可，即发生法律效力，与生效判决具有同等的法律效力。值得注意的是，不能强制调解，更不得久调不决。能调则调，不能调则判。

96 一审诉讼程序有哪些诉讼活动？

我国实行的是二审终审制，即一个案件可以经过二级法院审理。第一次审理案件的法院称为一审法院，第二次审理案件的法院称为二审法院。一审法院审理的程

序称作一审程序，二审法院审理的程序称为二审程序。一审程序有时也可称为普通程序，其诉讼阶段有：

起诉与受理。当事人的起诉要得到人民法院的受理，必须具备以下四个条件：一是原告必须是与本案有直接利害关系的公民、法人或者其他组织；二是要有明确的被告；三是要有具体的诉讼请求和事实、理由；四是属于人民法院受理民事诉讼的范围。人民法院通过对当事人的起诉进行审查，对符合法律规定条件的，决定立案审理，即为受理。

审理前的准备。是指人民法院接受原告起诉并决定立案受理后，在开庭审理之前，由承办案件的审判员依法所作的各项准备工作。主要有：一是送达起诉状副本和提出答辩状；二是告知当事人诉讼权利义务及合议庭组成人员；三是审阅诉讼材料，调查收集必要的证据；四是更换和追加当事人。

开庭审理。主要包括：一是庭前准备，主要是核对当事人是否出庭、宣布法庭纪律等。二是法庭调查，即在法庭上通过展示与案件有关的所有证据，对案件事实进行全面的调查。三是法庭辩论，即双方当事人及其诉讼代理人充分行使自己的辩论权，在法庭上就有争议的事实和法律问题辩驳和论证。四是合议庭评议和宣判，即由合议庭的人员在法庭调查和法庭辩论的基础上，认定案件事实，确定适用的法律，最后宣告案件的审理结果。宣告判决有两种方式：一是当庭宣判，一是定期宣判。

97 一审判决的效力如何？

我国人民法院审理案件实行两审终审制。除适用特别程序审理的案件外，当事人不服第一审人民法院的裁判，在法定的期限内，都可向上一级人民法院提起上

诉，请求上一级人民法院对下一级人民法院未发生法律效力的裁定、判决重新审理。我国《民事诉讼法》有相关的规定："当事人不服地方人民法院第一审判决的，有权在判决书送达之日起15日内向上一级人民法院提起上诉。当事人不服地方人民法院第一审裁定的，有权在裁定书送达之日起10日内向上一级人民法院提起上诉。"

如果当事人在法定的上诉期限内没有提起上诉，则第一审人民法院的裁判即发生法律效力，当事人必须履行裁判所确定的义务。

对一审判决不服怎么办？如何提起上诉？

二审程序的发动有赖于当事人的上诉。上诉是当事人的重要诉讼权利，任何人不得阻拦。上诉的条件是：

（1）要有合格的上诉人和被上诉人。合格的上诉人是指一审程序中的当事人（可能是原告也可能是被告），合格的被上诉人是指上诉人的对方当事人。如果一审程序中的双方当事人都要上诉，则双方都是上诉人。

（2）上诉必须在法定的期限内提出。按照民事诉讼法的规定，除依特别程序、督促程序、公示催告程序和企业法人破产还债程序所作的裁判不准上诉外，凡地方各级法院以普通程序和简易程序所作的第一审判决以及法律规定可以上诉的裁定，当事人均有权上诉。对判决书的上诉期限是15天，对裁定书的上诉期限是10天。超过上诉期限，上诉无效。上诉期间的计算，是从当事人收到一审判决书、裁定书的第二天起计算。在上诉期间内，当事人因不可抗拒的事由或者其他正当理由耽误了上诉期限的，在障碍消除后10日内，可以申请顺延上诉期间，是否准许由人民法院视情况而定。

(3) 上诉必须提交上诉状。在上诉状中应写明：上诉人、被上诉人的姓名、性别、年龄、民族、籍贯、职业和住所。是法人的应写明法人的全称和法定代表人的姓名和职务，是其他组织的应写明其组织的全称和负责人姓名与职务。还应写明上诉的理由和上诉的请求以及原审法院的名称、案件的编号和案由。

99 二审判决的效力如何？对二审判决还不服怎么办？

法律文书生效后，也可能会有证据表明它是错的，不纠正难以体现公平公正，而纠正错误的裁决必须有一种补救的程序。民事诉讼法规定的审判监督程序就是一种补救程序。审判监督程序是指人民法院对已经发生法律效力的判决、裁定，依照法定机关的提起和当事人的申请，对案件进行重新审理的救济程序。

审判监督程序审理的对象是生效的法律文书，重新审理的理由是生效裁判确有错误，重新审理的程序就实质上说不是一种专门的程序，可能是一审程序也可能是二审程序。提起审判监督程序的机关有本级人民法院、上级人民法院、最高人民法院和人民检察院。当事人申请再审也是审判监督程序发生的原因之一。

当事人申请再审的条件是：

(1) 能够申请再审的案件。法律规定解除婚姻关系的裁判，当事人不得申请再审；依督促程序、公示催告程序、企业法人破产还债程序以及依照审判监督程序审理并维持原判的案件，当事人不得申请再审。

(2) 要具备法定的事由。例如，有新的证据足以推翻原判决裁定的；原判决裁定适用法律确有错误的；法院违反法定程序并可能影响判决裁定的正确性的；审判人员在诉讼中有贪污受贿、徇私舞弊、枉法裁判行为的。

(3) 申请再审必须在法定期限内提出。法律规定判决、裁定生效后两年内，当

事人有权申请再审。

100 对已生效的法院判决如何申请强制执行？

在我国，生效法律文书得以实现有两种方式，一是当事人自觉实现，即是说，生效法律文书中确定的义务人会主动地实现义务，这在理论上称为履行。履行的特点是仅凭生效法律文书的权威性而促使当事人完成义务。二是由法院强制执行或执行。执行有助于彻底保护当事人的合法权益，有利于强化国家法制的权威性，有助于维护社会主义市场经济的正常秩序。所谓强制执行，是指人民法院的执行组织运用国家司法执行权，依据执行程序迫使被执行人实现法律文书确定的义务的活动。执行组织是指设在各级法院内部负责执行事宜的机构。

执行开始有三种情形：一是申请人申请执行，二是法院移交执行，三是法院之间的委托执行。申请执行时应注意下列事项：

（1）执行根据已经生效。

（2）应向法院递交申请执行书。在申请执行书中应写明申请的理由、事项、执行标的和自己所了解的被执行人的财产情况。

（3）必须向有管辖权的法院申请。一般地说，凡是执行根据是一审法院作出的民事判决、裁定的，应向该第一审法院申请执行；执行根据是其他法律文书的，应向被执行人住所地或被执行财产所在地法院申请执行。执行根据是涉外仲裁机构关于财产保全或证据保全的裁定书的，应向保全的财产或证据所在地的中级法院申请执行；执行根据是行政机关制作的处理或处罚决定，应向相应的中级法院申请执行。

（4）须在执行时效内申请。法律规定，双方或一方当事人是公民的执行时效为

一年，双方为法人或其他组织的执行时效为6个月。

执行组织在实施执行措施时应注意贯彻强制与说服相结合的原则、与相关单位协作的原则和执行标的有限的原则，既要实现权利人的权利，也要注意照顾义务人的基本生产、生活所需。在执行时，执行组织无权调解，但法律允许权利人与义务人自愿和解。对整个执行过程，应记录在卷，在场的见证人应签名盖章，对查封、扣押和冻结的财产应登记造册并妥为保管。

后 记

对广大投资者开展期货基础知识培训及风险教育，是中国期货业协会自律服务工作的重要内容。

在中国证监会的指导下，中国期货业协会于2003年开始着手《期货投资者服务手册》丛书的编撰工作。本丛书由中国期货业协会副会长兼秘书长彭刚牵头组织，培训部主任余晓丽具体负责，刘仲元主笔撰稿。张天明、杨东辉、曹胜、吴亚军、王定红、杨明、崔家悦、甘正在、王乐、王希中、李晓红等参与了本丛书的大纲制订、资料收集整理以及初稿的编写工作。吴运浩、张育斌、程海霞、余晓丽、王乐、徐欣、钟益强、鲁静、杨金忠、刘俊、刘保宁、林楠、王春卿参与了具体撰写、漫画创意与制作及出版推广等工作。

《期货投资者服务手册》丛书共分为七册。第一册为《期货市场入门》，介绍了期货市场的发展历史及趋势、期货市场构成、期货市场的功能与作用、主要期货合约、期货行情及基本术语等知识。第二册为《怎样进行期货交易》，以一些经典案例揭示了期货交易流程、交易技巧，并介绍了期货交易的基本面分析和技术面分析的常用方法和指标。第三、四、五册为《国内期货交易品种》(共11种)，按现货商品知识、基本供需情况、期货交易合约与制度、价格影响因素、主要期货市场等

对各品种进行了一一介绍。第六册为《套期保值与套利交易》，介绍了套期保值与套利交易的基本概念、交易策略、风险控制等，并结合国内各交易所的上市品种进行了案例分析。第七册为《期货投资者维权百问》，介绍了我国期货市场的监管框架、法律法规，以及涉及投资者权益和保护等内容。

本丛书凝聚了期货业内众多专家和协会工作人员的心血，在此，我们要向支持和参与本丛书编写的所有单位、专家和工作人员表示衷心的感谢。同时，要特别感谢上海期货交易所、大连商品交易所、郑州商品交易所的大力支持，感谢上海中期期货经纪有限公司为本丛书提出的建议，感谢中国财政经济出版社的编辑人员在丛书出版和审校方面所做的辛勤工作。

2006年2月